Sternenhimmel der Hoffnung

Erfahrungen mit einem Medium

Erzählt von Rosemarie Langer

spielberg

1. Auflage 2016

Korrektorat: Sigrid Müller
Umschlagbild: © rolffimages - fotolia.com
Umschlaggestaltung: Spielberg Verlag
Druck und Bindung: Inprint GmbH, Erlangen

Printed in Germany

ISBN: 978-3-95452-706-9

www.spielberg-verlag.de

Gewidmet meiner geliebten Tochter Petra.

Vorwort

In diesem Buch, einer Kombination aus Lebenserfahrungen und Esoterik, beschreibe ich die Sitzungen mit einem Medium. Es ist als kleine Lebenshilfe gedacht.

Kaum jemand wagt es, über solche Erfahrungen zu sprechen, weil man Gefahr läuft, als »verrückt« angesehen zu werden.

Dieses Buch ist allerdings nichts für schwache Nerven. In Zusammenhang mit den Sitzungen beschreibe ich auch Lebenswege, die sehr schwer und sehr traurig waren, aber eben mit diesen Sitzungen in Verbindung stehen.

Es gibt sehr viele Bücher, in denen Medien ihre Sichtweise und ihre Blickwinkel über die Erfahrung mit Verstorbenen und den Menschen, die zu ihnen kommen, darstellen.

In meinem Fall ist es umgekehrt. Da ich kein Medium bin, möchte ich aus meiner Sichtweise Botschaften aus der Kommunikation mit meinen Verstorbenen, die ich über ein Medium erhalten habe, weitergeben.

Da ich ab der ersten Sitzung alle Aufzeichnungen aufgehoben habe, bin ich in der Lage, über diese Begegnungen der letzten 9 Jahre zu schreiben.
Vielleicht gelingt es mir, einige wenige oder auch viele Menschen zu erreichen, denn dann hätte dieses Buch sein Soll schon erfüllt.

Es entspricht alles der Wahrheit. Es ist nichts erfunden, verdreht oder beschönigt.

Rosemarie Langer, im Dezember 2016

Ich danke Frau Karina Traxinger für die Genehmigung, Passagen aus ihren Büchern mit in dieses Buch hineinzunehmen.

Mein besonderer Dank gilt meinem Medium Frau Susanne Band-Regner, Bruckmühl, für die Genehmigung, über die Sitzungen mit ihr zu schreiben.

Sternenhimmel der Hoffnung

Viele Menschen glauben an so etwas wie Gott, durch alle Religionen hindurch. Jede Religion verehrt ihre eigene Gottheit, verbunden mit dem Glauben an eine Wiedergeburt oder ein Weiterleben nach dem Tod. Jeder Mensch auf diesem Planeten glaubt dies auf seine Weise.

Wie viel Hoffnung und Glauben an das Gute beinhaltet dies, die Hoffnung auf ein seliges Ende und ein seliges Leben. Wenn man aber die Unruhen in unserer wunderbaren Welt und ihre Schrecknisse mit all den Morden betrachtet, die großen Unglücke, Katastrophen und Kriege, glaubt man bald nichts mehr. Man stellt sich vielmehr die Frage: **»Wo ist Gott, wo sind unsere Götter? Warum lassen sie so etwas zu?«**

Dazu kommt auch noch die Angst vor dem Tod, der unabänderlich ist und dessen Bewusstmachung uns unruhig werden lässt.

Auch ich habe diese Angst vor dem Sterben durchgemacht, als ich vor Jahren an Krebs erkrankte. Plötzlich wurde das eigene Leben in Frage gestellt. Hinzu kam die Konfrontation mit der Endlichkeit unseres

Daseins. Alle an einer tödlichen Krankheit erkrankten Menschen erleben diese Angst und Hilflosigkeit vor dem endgültigen Aus, dem wir nicht entkommen können.

Aber es ist ja nicht nur das Bewusstwerden unserer eigenen Endlichkeit, das man mit sich herumträgt. Je älter man wird, desto mehr wird man mit dem Tod in der eigenen Umwelt konfrontiert. Solange man selbst noch jung ist, ist es auch das eigene Umfeld. Verwandte, Eltern, Geschwister, Freunde und gute Bekannte sind ebenfalls noch jung und man erfährt das Dahingehen nur sporadisch. Man wird nur hin und wieder mit dem Sterben anderer konfrontiert, durch Unfälle, Krankheit oder altersbedingt. Alles scheint noch so weit weg.

Und doch steht man eines Tages vor den Fragen: »War es das nun? Ist nun alles vorbei? Wo gehe ich hin? Was kommt danach? Wie werde ich aus diesem Leben gehen? Bekomme ich meine Panik in den Griff? Wie stark bin ich? Muss ich körperlich sehr leiden? Habe ich das Glück, mit mir im Reinen zu sein, wenn es so weit ist? Darf ich ohne Schmerzen gehen?«

Fragen über Fragen. Man findet keine Antwort. Es bleiben nur die Erfahrungen anderer Menschen, oder der Verstorbenen, die schon alles überstanden haben.

Ich fing nun an, mich für Esoterik zu interessieren und stieß auf das Buch eines Mediums mit Namen Karina Traxinger. Titel des Buchs lautet »Das Jenseits blinkt dir zu. Erfahrungen eines Mediums und das Werkzeug zum Medialen«, 2003, by Magic Buchverlag, Christine Praml, ISBN 3-936935-06-8.

Sie beschreibt darin, wie man mit dem Tod umgehen sollte und was (vielleicht) wirklich geschieht.

Reise in die geistige Welt

Schon solange es Menschen auf der Erde gibt, gibt es den Glauben an ein Leben nach dem Tod. Während einige dazu tendieren, vor diesem Thema zurückzuschrecken, können andere nicht genug davon bekommen. Durch unerklärliche Phänomene, geistige Visionen, Nahtod- Erlebnisse und die Kommunikation mit der geistigen Welt können wir davon ausgehen, dass es ein Weiterleben nach dem Tod gibt. In einer Jenseitssitzung stellte man einmal die Frage, warum wir Menschen Angst vor dem Sterben haben und die Antwort lautete: ***»Weil wir nicht loslassen können.«***

Zum Zeitpunkt unseres Todes geschieht ein Vorgang, in dem sich unser physischer Körper von der geistigen

Essenz trennt. Wir sind im Wesentlichen geistige Geschöpfe, die einen physischen Körper besitzen. Nach dem Ableben legen wir diesen wie einen Mantel ab.

Die Seele als eigentlicher Mensch bleibt bestehen. Diese Dimension durchschreitet die physische Welt und das Universum. Wenn die Seele den Körper verlässt, beobachtet sie von oben ihren leblosen Körper. Sie verspürt keinen Schmerz und hat sich ihren Zeitpunkt selbst gewählt, wie, wann und wo sie aufsteigen möchte. Viele Nahtodpatienten beschrieben diesen Zustand als Leichtigkeit, sahen helles Licht am Ende eines Tunnels und spürten Frieden. Am Ausgangspunkt des Lichts werden schon vorausgegangene Verwandte gesehen, die einen abholen werden. Zu diesem Zeitpunkt wird die Seele vor die Wahl gestellt, ob sie zu ihrem physischen Körper zurückkehren möchte. Der Engel des Todes steht solange an unserer Seite, bis wir die Entscheidung getroffen haben. Doch das Licht, das voller Liebe zu uns strahlt, hat eine sehr starke Anziehungskraft, die vielen die Entscheidung abnimmt.

Wir wollen nicht mehr zurück.

In diesem Moment läuft unser Leben noch einmal rückwärts ab. In der geistigen Welt gibt es verschiedene Sphären, zu denen wir uns hinbegeben, um weiter zu lernen. Viele Gegangenen sahen im Jenseits Orte, die unserer Welt sehr ähnlich sind. Auch unsere verstorbenen Tiere sind dort. Dass von dort niemand mehr zurückkommen möchte, kann man verstehen, denn dort ist die

Liebe Gottes unbeschreiblich und allgegenwärtig wie bei uns die Luft zum Atmen. Es gibt keinen Hass, keine Wut, keine Trauer, keine Sorgen.

Die Kommunikation findet nur noch über Gedanken statt. Da es dort weder Zeit noch Raum gibt, bewegt sich die Seele schwerelos und kann reisen, wohin sie will. Sie kann somit auch an mehreren Orten gleichzeitig sein. Da es verschiedene Sphären im Jenseits gibt, hat jede eine eigene Entwicklungsstufe. Die niedrigste Stufe ist wohl die graue Zone, in der, wie manche sagen, Mörder, Verbrecher und sonstige verweilen. In manchen Sitzungen erscheinen Verstorbene jünger als zum Zeitpunkt ihres Todes. Obwohl sie am Ende ihres Lebens durch jahrelange Krankheit gekennzeichnet waren. In der geistigen Welt werden sie jedoch frei von Schmerz und zeigen sich nicht selten in der Form der Jugend. In der oberen Stufe glänzen sie jedoch im Licht. Dies nennt man Lichtwesen.

Nachdem die Liebe das Höchste ist, wonach wir streben, sind wir am Ende alle auf diesem Weg dorthin. Wir haben alle unseren freien Willen bekommen, weshalb wir auch jedem Menschen seine Religionsfreiheit gewähren sollten. Es ist auch wichtig, dies am Sterbebett zu respektieren. Wesentlich ist die Freiheit der Seele zur Erfüllung des Schöpfungszieles. Allerdings ist eine Religion die bewertet, manipuliert und richtet, nicht stimmig. Sie beeinträchtigt unsere geistige Entwicklung.

Ich fragte mich oft, warum ein gütiger Gott so viel Leid zulassen kann. Schon immer, tief in meiner Seele beschäftigte mich dies. Die Frage nach der Wahrheit. Welche letzten Endes richtig ist, werden wir herausfinden, wenn wir nach Hause gehen. Allein dieser Gedanke erschreckt so manchen, denn nach Hause gehen bedeutet gleichzeitig den eigenen Tod. Er ist mit Angst und Kummer verbunden, ein Abschied für immer.

Was ist Liebe?

Liebe ist nicht etwa die Phrase »Ich liebe Dich«. Liebe ist viel mehr. Wahre Liebe finden wir hier auf Erden nur selten. Die Liebe erwartet nichts, wir können sie fühlen, aber nicht beschreiben. Mit ihr überwinden wir alles. Sie ist viel mehr wert als nur ein Wort und kennt keine Grenzen. Wahre Liebe wird Hindernisse überwinden und es wird einem an nichts fehlen. Die Liebe wechselt das Alte nicht für Neues aus. Sie hat Zeit und hört dir zu, wird mit dir gehen und verzeihen. Sie bewertet nicht. Eifersucht ist ihr fremd und sie ist niemals besitzergreifend. Wahre Liebe zerstört nicht, läuft niemals davon, ist Anfang ohne Ende. Liebe ist das, wonach wir alle streben.

Nach diesen Worten von Karina Traxinger wurde ich sehr, sehr nachdenklich und dachte mir, ich sollte wohl doch wieder meinen Glauben finden.

Anna

Ich bin immer ein sehr gläubiger Mensch gewesen und folgte meinem Glauben an diese eine Gottheit, die uns leitet und führt. Und doch habe ich in jungen Jahren eine böse Erfahrung machen müssen, die meinen Glauben an Gott enorm in Frage stellte.

Die ältere Schwester meiner Mutter, meine Taufpatin Tante Anni, hatte ich sehr gerne.

Sie war meiner verwitweten Mutter in der schweren Zeit der Nachkriegsjahre mit ihren drei kleinen Kindern eine große Stütze und Hilfe gewesen.

Allerdings war meine Tante auch eine bedingungslose Gläubige gewesen, äußerst katholisch. Sie war jeden Tag in die Frühmesse gegangen, beim Singen in der Kirche war sie die Allerlauteste gewesen und bekennend bis zum geht nicht mehr. Sie hatte uns ständig mit ihrem Glauben, ihrer Demut und ihrer Kirche traktiert.

Meine liebe Tante Anni war keusch gewesen, so keusch, dass sie in ihren jungen Jahren als Heranwachsende keinen Freund abbekommen und somit auch nie geheiratet hatte.

Sex hatte für sie als Todsünde gegolten. So lebte sie bis zu ihrem 58. Lebensjahr gottergeben und treu dem Herrn in ihrem Glauben, teils als Pfarrersköchin, teils bei einer hochgestellten Professorenfamilie als Haushälterin. Anni hatte von ihrem täglichen Kirchgang, vom Beten und vom Hinknien auf der Kirchenbank schon Horngeschwülste an den Knien. Manchmal mussten wir schon sehr über sie lachen, wenn sie uns mit ihrem erhobenen Zeigefinger mahnend an die heilige Messe und den Gottesglauben erinnerte.

Als jedoch ein Verwandter unserer Familie mit 60 Jahren Witwer wurde, brachten wir meine Tante mit diesem Mann zusammen. Anni hatte nun doch noch eine Ehe eingehen wollen, um im Alter nicht alleine zu sein und als alte Jungfer zu sterben.

Ich erinnere mich noch heute schmunzelnd an ihre Aussage: **»I hob so Angst vor der Hochzeitsnacht, i hob doch koa Ahnung, wos do passiert.«** Tante Anni heiratete im großen Dom zu Regensburg und ich sehe sie heute noch vor dem Hochaltar als ältliche Braut auf der Bank kniend neben ihren Angebeteten.

Ich war amüsiert und gespannt, was Anni mir nach der Hochzeitsnacht erzählen würde.

Und siehe da, meine Tante Anni erzählte mir Folgendes: **»Mei, war die Hochzeitsnacht sche, wos hob i do fast a Leben lang versäumt, bin i blöd gwen. Etz versteh i erst die ganze Menschheit.«** Und Anni wurde sehr, sehr glücklich mit ihrem Hans.

10 Jahre waren die beiden verheiratet, dann erkrankte meine gute Tante an Lungenkrebs. Ich verstand die Welt nicht mehr. Anni hatte nie geraucht, hat gottergeben gelebt, nur Gutes getan und nun diese furchtbare Krankheit. Ich erinnere mich noch heute an das Krankenhaus in Donaustauf, als man wegen des schlecht definierbaren Zustandes ihrer Lunge auf dem Röntgenbild eine Biopsie machen musste und Anni mir erzählte, ihr sei beim Punktieren das Blut aus der Nase gelaufen. Sie hat mir so leid getan. Die Ärzte sagten ihr, man wisse noch nicht, was es sei, sie solle sich operieren lassen, denn man müsse in sie hineinschauen, um zu erfahren, was es sei.

Ich empfahl ihr damals, dies nicht machen zu lassen, sie gehe doch schon auf die 70 zu. Aber nein, eigensinnig bestand sie darauf und meinte: »Ich will wissen, was ich habe.« Auf dem Nachtkästchen stand ein gemeinsames Foto von ihr und ihrem Hans. Sie zeigte darauf und sagte zu mir: **»Wenn ich sterben sollte, dann haben Hans und ich ausgemacht, dass der Erstversterbende den anderen bald nachholt.«**

Anni kam dann in eine Klinik und wurde dort operiert.

Als ich mit meiner Mutter Anni ein paar Tage später besuchte, sah man schon, dass Anni kaum noch Luft bekam und in einem sehr schlechten Zustand war. Sie erzählte uns, dass sie während der Operation beinahe gestorben wäre, weil diese so schlecht verlaufen sei, und dass man sie hätte wiederbeleben müssen. Sie lag schweißnass in ihrem Bett, schwitzte noch immer fürchterlich vor Schwäche, bat uns sofort das Fenster zu öffnen, weil sie glaubte, sie bekäme dann besser Luft. Ein Elend ohne Ende. Die Fingernägel mussten geschnitten werden, ebenso die Haare und auch die Zehennägel, weil sie schon 4 Wochen vor der OP in diesem Krankenhaus hatte bleiben müssen. Und durch das ständige Schwitzen roch sie gar nicht gut. Doch man konnte sie in diesem Zustand noch nicht baden. Und so entschloss ich mich, ihr zu helfen. Ich schnitt ihr die Haare und alle Nägel und ärgerte mich sehr über ihren Zustand, weil ich mir dachte, dass man sie wenigstens etwas frisch machen hätte können.

Als mir dann auf dem Gang der Arzt entgegenkam und ich nachfragte, was mit meiner Tante los sei, sie hatte ja keine anderen Verwandten, außer mich, meine Mutter und ihren Mann, den wir aber zunächst nicht zu sehr mit einer unguten Diagnose hatten belasten wollen und ihn deshalb zu diesem Besuch noch nicht mitnahmen, meinte der Arzt, es wäre Lungenkrebs und die OP wäre sehr schwierig gewesen, weil sie ja auch noch zuckerkrank sei und obendrein eine Herzschwäche hätte. Als ich nachfragte, wie die Prognose lauten würde, klärte mich der Arzt auf, dass Anni an Bronchialkrebs erkrankt sei und dieser langsam die Luftröhre hochwachsen und sie dann daran ersticken würde.

Als ich den Arzt fragte, warum man bei einer so schwerkranken Patientin noch eine Thoraxöffnung machte, erfuhr ich zudem, dass man eine neue OP-Maschine für solch extreme Fälle angeschafft hatte und meine Tante die erste Patientin gewesen sei. Dass ich lauthals losschimpfte, kann man sich vorstellen und damit hatte ich mir dann eine Beleidigung des Arztes eingehandelt. Als ich nämlich den Begriff Thoraxöffnung verwendete, meinte der Arzt plötzlich, ich sei eine Kollegin. Als er bemerkte, dass dies nicht der Fall war, schämte er sich scheinbar und beschimpfte mich, ich würde zuviel Illustrierte lesen.

Anni sah man wohl als Versuchskaninchen, so eine Schweinerei.

Natürlich hatte sich meine Tante nicht mehr erholt und starb eine Woche später. Das war 1977.

Von da an hatte ich meinen Glauben an Gott und die Gerechtigkeit des Himmels verloren. Mein Glaube hatte einen mächtigen Knacks erlitten. Zudem kam noch dazu, dass sich ihr Mann Hans sehr grämte und immer wieder davon sprach, dass Anni ihn sowieso bald nachholen würde, weil sie beide dies so ausgemacht hätten. Und tatsächlich starb auch mein netter Onkel Hans 6 Wochen später an einem Herzinfarkt.

Diese Erfahrung als noch junge Frau, damals 37 Jahre alt, machte mich sehr nachdenklich und stellte meinen Glauben an Gott schwer in Frage. Wo war da die Gerechtigkeit? Eine so liebe und gute Frau und nun dieses Dilemma mit einer so schweren Krankheit, mit schwerer Atemnot und daraus resultierender Todesangst. So ein schreckliches Schicksal hatte Anni nie verdient. Ich sehe sie heute noch mit dem Rosenkranz zwischen ihren Fingern im Bett beten, Perle um Perle. Sie war sehr mariengläubig gewesen.

Diese Geschichte erzähle ich hier nur, weil ich später noch auf dieses Erlebnis zurückkommen werde.

Franziska

Meine Mutter war das jüngste Kind von fünf Geschwistern gewesen, die alle schon viel früher verstarben. Sie selbst starb erst 34 Jahre nach ihrer ältesten Schwester Anna und wurde 95 Jahre alt. An ihrem 95. Geburtstag sagte sie zu mir: **»Schau, so ein kleines bisschen Zeit bleibe ich noch da, dann gehe ich«** und zeigte mir gut einen Zentimeter Abstand zwischen Zeigefinger und Daumen. Das war am 22. Dezember 2010 und am 6. Januar 2011 starb sie.

Als ich ein halbes Jahr nach ihrem Tod mein Medium aufsuchte, um mit Mama zu sprechen, meinte diese als erstes: »Ihre Mutter liegt noch im Bett und es ist eine Anna bei ihr.« Ich antwortete darauf: »Das kann nur ihre Schwester Anni sein.« Das Medium erwiderte darauf: »Die ist aber schon lange tot« und ich antwortete: »Ja, das stimmt, 34 Jahre.« Sie meinte daraufhin: »Meine Güte, die starb ja an Lungenkrebs und hat nie geraucht.«

Damals war auch noch meine Tochter bei der Sitzung mit dabei und wir haben beide gestaunt.

Mit dieser Geschichte möchte ich beginnen, meine Erlebnisse mit einem Medium zu erzählen.

Dass es Menschen mit besonderen Begabungen gibt, wusste ich schon, doch interessiert hat mich das bis zum Tod meines Mannes kaum. Geglaubt habe ich an solchen, für mich, **»Humbug«** eigentlich nie, und ich habe die Menschen, die solche Erfahrungen gemacht haben, immer belächelt. Ich dachte oft: »So eine Sitzung ist sicher sehr teuer, wie kann man nur so viel Geld für einen Betrug zum Fenster hinauswerfen.«

Ich wurde später eines Besseren belehrt.

Frieda

Meine Mutter Franziska war die jüngste, Anna die älteste, und Frieda die zweitälteste unter 5 Geschwistern. Meine Tante Frieda starb 1947 in der schwierigen Nachkriegszeit, in der die TBC stark wütete, mit 36 Jahren, nach entfernen eines Lungenflügels in Donaustauf, der damaligen Schreckensklinik für die Regensburger. Frieda hat ein damals zehnjähriges Kind, meine Cousine Traudl, auf die ich später noch komme, hinterlassen.

Herbert

Ich verlor meinen Mann 2007 nach langer, schwerer Krankheit nach Einsetzen eines Herzschrittmachers.

Sein plötzlicher Tod machte mir schwer zu schaffen, weil ich mich in den letzten Jahren so sehr um ihn gekümmert und mit ihm gelitten hatte. Am Morgen des Operationstages rief er mich um 7.00 Uhr früh an, dass er nun abgeholt werden würde und ich wünschte ihm viel Glück, bat ihn, sich sofort danach bei mir zu melden. Um ca. 10.00 Uhr ging mein Telefon und er bat mich, zu ihm zu kommen, weil er 24 Stunden nicht aufstehen dürfe und ich ihm beim Essen, Toilette usw. helfen solle. Ich freute mich so unendlich, weil ich große Angst um ihn gehabt hatte, da sein Gesundheitszustand nicht gerade der Erfreulichste gewesen war.

Die Nacht davor hatten mich Albträume geplagt, ich sah mich nur noch im Sturm, gegen den ich mich stemmen und trotzdem nicht vorwärts kommen konnte. Dazu kam noch eine große Dunkelheit.

Heute, nach so vielen Jahren, kehrt dieser Traum immer wieder und kann ihn nicht vergessen. Er hat sich in mein Gedächtnis regelrecht eingebrannt.

Nach dem Anruf meines Mannes um 10 Uhr verließ ich sofort unsere Wohnung, obwohl ich zwei kleine

Hunde hatte, die ich nicht den ganzen Tag über allein lassen konnte. Aber ich dachte in diesem Moment nicht daran und eilte ganz schnell zu meinem Mann, umarmte ihn vor lauter Freude, weil alles gut gegangen war. Ich sah zwar auf dem Monitor, dass die Frequenzen hin und her wackelten, dachte mir aber nur, dass das Herz sich wohl erst an den Schrittmacher gewöhnen musste. Ich brachte ihm die Süddeutsche Zeitung mit, damit er etwas zum Lesen hatte und besorgte etwas zum Trinken. Außerdem erwähnte ich kurz, dass ich die Hunde allein daheim gelassen hatte und machte ihm den Vorschlag, kurz wegzufahren, die Hunde zu meiner Mutter zu bringen, um dann bei ihm bis in die Nacht bleiben zu können. Ich richtete sein Bett und das Kopfkissen, nahm ihn in den Arm und sagte zu ihm, dass ich in einer Dreiviertelstunde zum Mittagessen wieder da sein würde und fuhr los. Ich sah auf die Uhr, es war genau 11 Uhr 15.

Ich beeilte mich sehr, um bald wieder bei ihm sein zu können.

Frohen Mutes und keine Katastrophe ahnend, fuhr ich nach Abliefern meiner Hunde wieder in die Uniklinik.

Ahnungslos öffnete ich die Tür zum Krankenzimmer und was ich sah und in diesem Moment dachte, kann man nicht beschreiben.

Das Bett war fort, die Pantoffeln meines Mannes lagen in einer Ecke, das Kopfkissen auf dem Boden.

Entsetzt lief ich schreiend aus dem Zimmer, geradewegs in die Arme des Assistenzarztes, der mich wohl hatte kommen sehen. Bestürzt sah ich ihn an und er sagte zu mir: »Mit Ihrem Mann hat es Probleme gegeben, gehen Sie hinunter auf die Intensivstation.« und beschrieb mir den Weg dorthin. Ich sah ihn ernst an und fragte ihn: »Es sieht wohl nicht gut aus?« Er antwortete daraufhin: »Nein, es sieht gar nicht gut aus.«

Ich begab mich nun zur Intensivstation und läutete an der Tür. Eine Schwester öffnete mir und ich sah im Hintergrund das Bett meines Mannes. Es standen eine Menge Ärzte um das Bett herum und die Schwester meinte: »Sie können da jetzt nicht hinein, die Ärzte bemühen sich gerade um Ihren Mann, kommen Sie bitte in einer Stunde wieder.«

Als ich eine Stunde später mit meiner Tochter wieder aufkreuzte, erfuhren wir vom Tod meines Mannes. Wir begaben uns zu ihm und ich streichelte unter dem OP Hemd seinen noch warmen Körper, nahm seinen Kopf in meinen Arm und drückte ihn lieb. Meine Tochter stand auf der anderen Seite des Bettes und bemerkte, dass sein linker Arm mit einer weißen Gaze bedeckt war. Sie sah darunter und meinte nur, ich solle mir das nicht anschauen. Die Ärzte hatten ein ganzes Stück Hautlappen, fast 10 cm, aufgeschnitten, weil er schon sehr mager war, um an die Rollvenen für die Adrenalinspritzen zu kommen.

Auch dies erzähle ich hier nur, weil ich später noch auf dieses Ereignis zurückkomme.

Die Ärzte konnten sich seinen plötzlichen Tod nach so einem leichten Eingriff nicht erklären und baten mich um eine Autopsie. Es stellte sich heraus, dass mein Mann schon eine Woche zuvor eine kleine Lungenembolie, die man nicht erkannt hatte, erlitten hatte, die ihn nach diesem kleinen Eingriff das Leben kostete.

Ich war todunglücklich.

Die Wochen danach waren entsetzlich, weil es so viel zu erledigen gab. Außerdem hatte mein Mann ein grässliches Testament hinterlassen, mit dem ich und sein Sohn aus erster Ehe erst einmal gar nicht klar kamen. Ich wusste, dass er vor vielen Jahren, als wir uns zwischenzeitlich gar nicht mehr verstanden und uns vorübergehend trennten, aus Wut dieses Testament verfasst hatte, in dem ich denkbar schlecht wegkam. Die letzte Zeit hatte er oft davon gesprochen, dass er das Testament ändern müsse, aber er wüsste nicht, wie er es machen sollte.

Ich weiß auch, dass er sich nach dem Eingriff mit mir und seinen Sohn hatte zusammensetzen wollen, um für den Fall seines Versterbens alle Finanzen zu regeln. Das hatte nicht mehr geklappt.

Ich hatte mir kurz vor seinem Tod ein kleineres Stadtauto zugelegt, in das man besser einsteigen konnte, weil es etwas höher war, als sein niedrigerer Sportwagen, da er immer mehr Luftprobleme beim Ein- und Aussteigen gehabt hatte.

Ich hatte also zu diesem Zeitpunkt zwei Autos.

Da aber sein Sohn Alleinerbe war und der Sportwagen meines verstorbenen Mannes auch unter das Erbe fiel, machte dieser mir das Angebot, den Wagen behalten zu können, wenn ich alle Regelungen übernehmen würde. Über diesen Vorschlag freute ich mich, weil ich dann den neuen kleineren Wagen später verkaufen konnte, da ich finanziell sowieso so schlecht wegkam.

Als ich nach vielen Wochen, mein Mann hatte nach seiner Pensionierung noch nebenbei gearbeitet, die ganzen Abrechnungen und Vertragsauflösungen erledigt hatte, bestand plötzlich sein Sohn darauf, ich solle den Wagen seines Vaters verkaufen, weil der ja auch unter das Erbe fallen würde, ich würde schon etwas davon bekommen.

Das stank mir natürlich ungeheuerlich. Ich war von dem ganzen Dilemma sowieso schon fertig genug und nun dies.

In meiner Wut setzte ich mich damals erst einmal in meiner Küche in aller Ruhe hin, zündete mir eine

Zigarette an und schimpfte, mit meinen Fingern nach oben zeigend, lauthals los:

»Lieber Mann, wenn du mir nicht sofort eine göttliche Eingebung gibst, dass ich deinen Wagen behalten kann, gehe ich nie mehr zu deiner Urne, du bekommst von mir keine Blumen mehr, zünde nicht mehr jeden Abend vor deinem Foto eine Kerze an und vernichte alle Fotos und Filme von uns und lösche dich vollständig aus meinem Leben.«

Und plötzlich hatte ich diese göttliche Eingebung.

Ich kannte mich ja mit Testamentsverfassungen aus. Plötzlich fiel mir ein, dass es eine »Verfügung von Todes wegen« gab. Also verfasste ich etwas, was nicht ganz legal war, und schickte es seinem Sohnemann. Daraufhin konnte ich den Wagen behalten.

Auch auf dieses Ereignis komme ich später zu sprechen.

Das plötzliche Sterben meines Ehemannes war schrecklich genug, aber was danach kam, war noch schrecklicher.

8 Wochen vor seinem Tod hatten wir unser Haus verkauft und das ganze Geld des Erlöses aus diesem Verkauf auf das Konto meines Mannes überweisen lassen. Auch meinen Zugewinnanteil. Dort hätte das Geld solange bleiben sollen, bis wir eine Eigentumswohnung als Investition gefunden hatten. Ich wollte ihn entscheiden lassen, wohin das Geld gehen sollte

und wollte ihm seine Selbstständigkeit nicht nehmen. 14 Tage vor seinem Tod hatten wir etwas gefunden und ich beteiligte mich mit einem Anteil daran. Die Wohnung war aber noch im Bau und wurde erst Monate später fertig. Nun starb mein Mann, doch sein Sohn als Erbe konnte nicht an die Konten, und auch ich kam nicht an mein Geld, weil alle Konten sofort gesperrt wurden.

Zum Glück hatte ich Beziehungen zum Gericht, wodurch die Erstellung des Erbscheins schneller vonstattenging als üblich. 2 Monate später war der Erbschein fertig und wir kamen wenigstens an das Geld, um alles im Nachhinein bezahlen zu können, wie zum Beispiel die Beisetzung, Krankenhauskosten, Wohnung usw. Vorher hatte ich vor einem Berg von finanziellen Problemen gestanden und es war erst einmal gar nichts vorwärts gegangen. Ich schrammte nahe an einem Herzinfarkt vorbei, weil ich alles allein stemmen, bzw. regeln musste und der Sohn in Nürnberg saß und alles mir überließ und über sein Erbe einer Dreiviertelwohnung, 75% gehörten als Erbe ihm und 25% mir, gar nicht begeistert war und mich bat, die Wohnung zu verkaufen. Wir suchten verzweifelt einen Käufer und boten die Wohnung sogar 20.000 Euro unter Wert an, aber es meldete sich niemand.

Nun kam ich seelisch mit dem Sterben meines Mannes gar nicht zurecht. Er war in dem Moment verstorben, als ich das Zimmer verlassen hatte, denn ich hatte mich um 11.15 Uhr von ihm verabschiedet und auf dem Totenschein war 11.20 Uhr als Todeszeitpunkt eingetragen. Dies konnte ich einfach nicht verkraften. Warum hatte er nicht auf mich gewartet, damit ich ihm beistehen konnte und er nicht allein gehen musste.

Es machte mir sehr schwer zu schaffen. Mein schlechtes Gewissen sagte mir ständig, ich hätte ihn noch retten können, wenn ich nicht weggegangen wäre. Dieser Gedanke raubte mir den Schlaf.

Traudl

Ich erzählte meinen so unendlich schlimmen Kummer meiner Cousine Traudl, Tochter meiner Tante Frieda, die ihre Mama schon 1947 als Kind im Alter von 10 Jahren verloren hatte.

Von ihr hörte ich Erstaunliches.

Bekannte von ihr hatten ihren 21-jährigen Sohn durch einen Motorradunfall verloren und litten ganz schrecklich darunter. Durch sie erfuhr meine Cousine von einem Medium, einer jungen Frau, die Trauerbegleitung machte. Die Eltern des Jungen waren nach dem Besuch bei ihr unendlich glücklich und beruhigt gewesen, sodass meine Cousine auf die Idee gekommen war, auch ihre vor langer Zeit verstorbene Mutter sprechen zu wollen. Sie hatte ein Leben lang Sehnsucht nach ihrer Mutter gehabt. Also hatte sie sich einen Termin geben lassen und erzählte mir nun davon.

Eigentlich hatte sie mir davon gar nichts erzählen wollen, weil sie Angst hatte, von mir deswegen schief angesehen zu werden. Aber mein Kummer berührte sie so sehr, dass sie mir ans Herz legte, es doch auch einmal zu versuchen. Es würde mir danach sicher besser gehen.

Sie erzählte mir von der Sitzung mit ihrer Mutter:

Als erstes fragte diese Frau, wie lange ihre Mutter schon tot sei. Als sie ihr sagte, das sei nun schon 60 Jahre her, meinte sie: »Ich weiß nicht, ob ich ihre Mutter nach so langer Zeit noch herholen kann, sie könnte schon in ein neues Leben gegangen sein.«

Ihre Mutter kam tatsächlich.

Und meine Cousine erzählte mir:

»Meine Mutter hat mir mein ganzes Leben erzählt, war mein ganzes Leben lang bei mir und hat auf mich aufgepasst. Sie erzählte mir meine ganze Lebensgeschichte, auch Dinge, die niemand, außer mir, wissen kann. Sie wusste von meiner großen Reise nach Indien, und dass ich die Angewohnheit habe, bei einem besonders schönen Bauwerk, egal, ob Kirche oder Schloss, Moschee oder Brücke immer laut auszurufen ›Mei, is dös schee‹, und dass ich dabei die Hände hochreiße. Sie wusste, wie ich lebe, sie wusste alles über mich.«

Ihre Mutter bedankte sich sogar bei ihr, weil sie ihren Namenszug und ihr Geburtsdatum mit Todestag auf die Urnenplatte bei ihrem Papa, als dieser später starb, mit eingravieren ließ. Von ihrer Mutter hatte viele Jahre ein Grab in Regensburg existiert, das inzwischen aufgelöst wurde.

Da sie in München verheiratet war, holte sie die Urne ihres inzwischen verstorbenen Vaters nach München und ließ ihn dort in einem Urnengrab, bzw. einer Urnenwand beisetzen, mit der Inschrift ihrer beiden Eltern.

Zwei Jahre zuvor hatte sie Brustkrebs gehabt und ihre Mama erzählte ihr: »Ich hatte zu tun, dass du die Arztpraxis, die du wegen eines Rezepts deiner Hormontabletten aufsuchtest, nicht verlässt.«

Sie hatte die Praxis wieder verlassen wollen, um ein anderes Mal wiederzukommen, weil das Wartezimmer so voll gewesen war.

Ihre Mama erzählte weiter: **»Ich habe versucht, dich dort zu halten, sonst wäre es zu spät gewesen.«** Tatsächlich hatte sie wieder weggehen wollen, konnte aber nicht, was sie sich nicht erklären konnte. Deshalb hatte sie notgedrungen gewartet, bis sie drangekommen war. Ein Riesenglück, wie sich dann herausstellte, denn der Arzt empfahl ihr, vorsorglich doch heute eine Mammographie machen zu lassen. Und siehe da, auf dem Röntgenbild war ein großer weißer Fleck. Der Arzt, ein richtiger Bayer, hatte entsetzt ausgerufen: »Dös weiße Ding da, des muss raus.«

Sie ließ sich operieren und es stellte sich heraus, dass sie keine Chemotherapie benötigte, sondern nur Bestrahlungen bekommen würde und wieder gesund wurde, weil ihre Krebszellen noch nicht gestreut hatten.

Am Ende der Sitzung bat sie ihre Mutter, ihr doch ein Zeichen zu geben, weil dies alles so unglaublich sei. Ihre Mutter versprach ihr dies.

Sie war ohne ihren Mann zu diesem Medium gefahren, der sie deswegen ohnehin für eine Närrin hielt. Als sie zu Hause ankam und das Wohnzimmer betrat, lag der Ehering ihrer verstorbenen Mutter, für sie eine große Kostbarkeit, mitten im Wohnzimmer auf dem Fußboden, obwohl sie diesen Ring in einer verschlossenen Kassette aufbewahrte. Als sie ihren Mann schimpfte, wieso der Ring ihrer Mutter auf dem Fußboden lag, wieso er den Ring auf den Boden warf, antwortete ihr Otto: »Den habe ich doch noch nie gesehen, da lag doch bisher nichts, wo kommt der denn her?«

Meine Cousine war zwar nach dieser Sitzung, wie ich später auch, ziemlich geschockt, aber unendlich glücklich.

Ich ließ mir die Telefonnummer geben und rief die Dame an. Ich fragte nur nach einem Termin und gab ihr meinen Namen, sonst nichts. Sie fragte auch gar nicht, warum ich zu ihr kommen wollte. Bemerkenswert war dies deshalb, weil sie auch ein Kosmetikgeschäft hatte. Sie wusste wohl schon von vorneherein, warum ich sie sprechen wollte.

Meine Cousine empfahl mir, auf einen Zettel aufzuschreiben, welche Fragen ich an meinen Mann hätte. Das tat ich dann auch.

Ich schrieb mir auf:

»Bist du mit der Abwicklung zufrieden?«

»Soll ich die Urne deines Papas aus Franken zu dir holen und bei dir beisetzen lassen?«

»Ist die Gina bei dir?« 2005 habe ich mein kleines Hündchen Gina verloren.

»Bist du mir wegen des Autos böse?«

»Gefällt dir deine letzte Ruhestätte? Ich wollte dich bei mir haben.« Sein Sohn hatte ihn zu seinem Vater ins Grab nach Franken bringen wollen.

»Warum hast du mich verlassen, als ich kurz weg war und nicht auf mich gewartet?«

»Bist du oft bei mir?«

»Hast du deinen Frieden gefunden?«

»Ich wollte dich für immer lieben, warum ging das nicht? Es tut mir so leid, ich hätte es gerne anders gehabt.«

»Kommt noch Geld von der Kanzlei?« Es standen noch Abrechnungen in Höhe von ca.10.000 Euro aus, die ich beim Aufräumen gefunden hatte, die jedoch schon verjährt waren.

»Wie hoch war der Betrag in deinem Schließfach?«

Sein Sohn hatte mich nicht zum Schließfach mitgenommen, obwohl das vorher ausgemacht gewesen war und wollte mir später weismachen, es wären nur 500 Euro darin gewesen. Das konnte nie und nimmer stimmen, da mein Mann sich einen neuen Wagen hatte kaufen wollen, einen Audi TT, der eine Menge Geld gekostet hätte, und ich wusste dass er beim Autokauf immer bar bezahlte.

Ein dreiviertel Jahr nach dem Tod meines Mannes fuhr ich nun zu diesem Medium. Sie lebte ca. 130 km von Regensburg entfernt und ich hatte von ihr, außer durch meine Cousine, noch nie etwas gehört. Auch diese Frau wusste nicht, dass es mich gab. Damals existierte im Internet nichts über mich und es gab auch keine Verbindung zu meiner Cousine. Später erfuhr ich, dass sie über die Menschen, die zu ihr kamen, nichts wusste. Weder, wie sie zu ihr kamen, ob mit dem Auto oder der Bahn, noch aus welchem Land oder Ort.

Da mir recht mulmig zumute war, empfahl mir meine Cousine, sie mit meinem Wagen mitzunehmen und in München abzuholen, da ich danach wahrscheinlich ziemlich geschockt sein würde und auf der Rückfahrt nach Regensburg sonst alleine gewesen wäre.

Mein Gott, was war ich froh, dass ich sie wenigstens auf der Rückfahrt bis München dabei hatte.

Heute noch frage ich mich, woher ich den Mut für so ein Unterfangen genommen hatte. Die ganze Angelegenheit war einfach unglaublich gewesen.

Am 26. Mai 2008 fuhren wir zu diesem Medium. Mir war ganz schlecht, weil ich mir so etwas einfach nicht vorstellen konnte. Wir mussten ein paar Häuser weiter parken, weil das Haus, zu dem wir wollten, etwas entfernt von der Straße lag. Meine Cousine durfte nicht mit hinein, blieb deshalb draußen in meinem Wagen und passte auf meine zwei Hündchen auf.

Ich musste erst einmal innehalten, blickte mit gemischten Gefühlen auf das Haus und dachte: »Da soll nun mein verstorbener Mann sein? Irgendwie muss er ja dahin gekommen sein.« Die Vorstellung war einfach gespenstisch.

Sitzung mit Herbert

Als sich die Eingangstür öffnete, begrüßte mich eine wunderschöne Frau freundlich und bat mich zu sich herein. Wir gingen in das Untergeschoß des Hauses, in ein Büro, sie setzte sich an einen Schreibtisch, ich ihr gegenüber und sie zündete als erstes eine dicke Kerze an. Dann sah sie mich an und fragte: »Was kann ich für Sie tun?«

»Ich möchte meinen Mann sprechen, er starb vergangenes Jahr am 4. Juli.«

Sie gab mir einen Schreibblock und einen Stift und bat mich, mitzuschreiben, weil die Informationen so verdichtet kämen, dass ich sie mir gar nicht alle merken könnte.

Sie stützte ihren Kopf in beide Hände, schloss ihre Augen und fing an zu reden:

»Ich sehe eine kleine, runde Frau mit Küchenschürze.«

Verdutzt erwiderte ich ihr, weil ich ja nicht wissen konnte, dass da auch noch andere Seelen kommen würden: »Das kann nur seine Stiefmutter sein.« Ich fragte daraufhin: »Und die ist bei ihm?« Ich bekam als Antwort: »Ja, die ist bei ihm und erzählt mir, sie wäre lange Jahre ein Pflegefall gewesen, konnte nicht mehr essen, reden und schlucken und es wäre furchtbar schlimm gewesen. Ihr würde es sehr leid tun, dass sie

Ihnen mit ihrem vielen Reden so auf die Nerven gegangen sei.«

Da war ich aber baff. Das war nämlich meine Schwiegermutter Lina, die Stiefmutter meines Mannes. Eine Witwe, die 35 Jahre mit seinem Vater in Franken gelebt hatte und ihn als Bub ab seinem 11. Lebensjahr mit ihren zwei Kindern zusammen erzogen hatte, aber schon 2001 verstorben war. Sie war nach einem Schlaganfall viele Jahre ein Pflegefall gewesen, hatte künstlich ernährt werden müssen, und hatte nicht mehr Sprechen, Essen oder Trinken können. Zuvor war sie mir jahrelang mit ihrem fränkischen Dialekt und ihrem Besserwissen, mit ihrem ›über den Mund fahren‹ tierisch auf die Nerven gegangen. Mein Mann hatte sie die letzten Jahre ihres Lebens oft in einem Altersheim besucht. Sie hatte sich nur noch auf Zetteln mitteilen können und hatte oft gejammert, sie hätte solchen Hunger.

Dann ging es weiter: »Jetzt kommt jemand, groß gewachsen, etwas füllig, Stirne ohne Falten, Haare zurückgekämmt.«

Ich antwortete ihr, dass dies nicht mein Mann sei und sie sah mich ganz verwundert an, weil sie wusste, dass ich diese Seele kennen musste.

Sie schloss wieder ihre Augen.

»Jetzt kommt jemand, elegant gekleidet, Seidenanzug mit Hut.«

Ich erwiderte ihr erneut: »Das kann auch nicht mein Mann sein, so angezogen, lief er nie herum.«

Und wieder sah sie mich staunend an, da sie wusste, dass ich auch diesen Herrn kennen musste, weil er mich schließlich sprechen wollte.

Nach langem Überlegen kam ich später darauf, wer die beiden gewesen sein konnten und ließ sie bei einer anderen Sitzung kommen. Der Erste war ein guter Bekannter von mir gewesen, den ich früher sehr gemocht hatte. Er war Chefarzt für Chirurgie gewesen und schon im Jahr 2000 verstorben. Als ich ihn rief, erzählte er über das Medium, wir hätten uns lange Zeit sehr nahe gestanden und er wäre in diesem Leben Arzt gewesen. Mein Mann hätte von diesem Verhältnis nichts gewusst, aber jetzt wüsste er Bescheid, denn er wäre bei ihm. Ich war entsetzt, weil das stimmte. Bemerkenswert war, dass ich nur den Namen und keinen Beruf erwähnte. Da ich von meinem Mann selten Bewunderung und Zuneigung erhalten hatte, hatte ich mir diese woanders geholt.

Der zweite Mann war der Vater meines jetzigen Freundes, der verstarb, ehe ich ihn kennenlernen konnte, weil er in einem ganz anderen Bundesland gelebt hatte. Weit weg von hier. Er wollte mich wegen seines Sohnes, um den er sich viele Sorgen machte, sprechen. Ich sprach damals mit meinem Freund wegen der Sorgen seines Vaters um ihn und konnte dieser Seele helfen.

»Jetzt kommt jemand, er erzählt mir, dass er in der letzten Zeit seines Lebens stark abgenommen hätte und deshalb so dünn sei.« Ich rief ganz erfreut: »Ja, das ist mein Mann.«

Dann gingen die Informationen los.

Das mit dem Geld wäre ungerecht. Er sei sehr geizig gewesen. Ich solle die Wohnung auf jeden Fall verkaufen, um doch noch an etwas Geld zu kommen.

Es gab ein Kind und das war nicht seins, er habe es aber sehr gern gehabt.

Ich habe mein sieben Jahre altes Kind aus erster Ehe, als wir heirateten, mit in diese Ehe gebracht.

Plötzlich sprach er von jemandem, der Musik so sehr liebt wie ich. Er schenke mir viele Musik-CDs, ich würde mit ihm eine Reise machen, ich würde mit ihm in ein Konzert gehen.

Als ich verdutzt nachfragte, wen er meinte: »Meinst du meinen neuen Freund?«, erfuhr ich, dass er mir diesen Mann geschickt habe, weil ich mit ihm so unglücklich gewesen sei. Ich solle ihn als Geschenk annehmen.

Als ich ihn schimpfte: »Bist närrisch geworden, der ist doch viel zu jung für mich«, sagte er, nur der sei gut für mich, vom ganzen Universum. Er sei sehr hartnäckig gewesen und hätte sich nicht abwimmeln lassen. Er würde mich sofort heiraten, wenn es ginge, (will ich nicht wegen meiner Pension) weil er mit mir viel Lachen könne und mit mir glücklich sei und er sei froh, weil er wüsste, dass ich nicht ganz alleine wäre.

Ich kannte diesen Mann schon viele Jahre und er gefiel mir. Dennoch hatte er einige Zeit um mich kämpfen müssen, weil er mir zu jung gewesen war. Ich hatte ihn vorerst nicht gewollt und begann diese Liaison erst nach dem Tod meines Mannes.

Ich sprach bei meinem Geistermädchen auch einmal diese Beziehung an, ob diese nicht ›gottgefällig‹ wäre, weil wir nicht verheiratet wären und erhielt folgende Antwort: **»Nein, das spielt keine Rolle, weil im Jenseits andere Bewertungen gelten.«**

Ich solle unser gemeinsames Schlafzimmer wegen der Erinnerungen verkaufen und er wäre mir deshalb nicht böse.

Ich teilte ihm mit, dass die große Wohnung, die wir zuletzt gemeinsam bewohnt hatten, mir zu teuer wäre, und ich sie mir mit seiner Pension nicht leisten könnte.

Er antwortete darauf, ich solle in der Wohnung bleiben, weil es Sinn machen würde, ich solle aus der Gegend nicht wegziehen, denn es würde mich unglücklich machen.

Ich hörte auf ihn. Tatsächlich ergab sich später eine kleinere Wohnung in dem Nebenhaus und ich musste nicht aus der Gegend fortziehen, weil er wusste, dass ich dort sehr glücklich war.

Ebenso bemerkenswert war, dass alle Möbel und Vorhänge, bis auf das Fremden- und Arbeitszimmer, genauso passten, wie in der vorherigen Wohnung.

Er sprach von meiner Mutter, sie habe ihn sehr gemocht, sie würde noch 2 Jahre leben und ich würde mit ihr nicht mehr so viel Sorgen haben. Auch das stimmte. Meine Mutter hatte ihn wirklich sehr gemocht. Ferner war sie zwei Monate vor diesem Termin mit fast 93 Jahren freiwillig in ein Seniorenheim gezogen, wodurch mein Leben etwas leichter wurde. Dort starb sie tatsächlich 2 Jahre später im Alter von 95 Jahren.

Ich fragte ihn, wie er denn gestorben sei.

Es wäre wie ein Rutsch gewesen, das Sterben, er habe gar nichts bemerkt. Es hätten viele Menschen um sein Bett gestanden und hätten versucht, ihn mit Spritzen ins Leben zurückzuholen, aber es wäre einfach nicht mehr gegangen. Er sei vergiftet worden, er erwähnte Sprays. Scheinbar ist er falsch behandelt worden.

Er wäre ganz konsterniert gewesen, als er feststellen musste, dass es ein Leben nach dem Tod gibt.

Das war seine Sprache. So drückte sich nur mein Mann aus und die Frau sagte, er hätte sich sehr gewählt ausgedrückt und wäre ein hervorragender Rhetoriker gewesen, was auch stimmte.

Er hätte nie gedacht, dass zu seiner Trauerfeier so viele Menschen kommen würden, besonders eine Gruppe wäre ihm aufgefallen und ihm hätte die Ansprache des Pfarrers, das Foto auf dem Sterbebild und das Inserat in der Zeitung so gefallen.

Das alles hatte ich ausgesucht und auch die Ansprache für den Priester verfasst. Gespenstisch. Er lag doch tot im Sarg.

Doch das alles konnte das Medium nicht wissen. Auch nicht von der Gruppe von Menschen, die eine Abordnung vom Gericht gewesen war.

Ich weiß auch, dass du einen Liebhaber hattest, aber ich bin dir deswegen nicht böse.

Ich solle Rotwein trinken, das sei gut für mein Herz.

Er hätte gerne Zeitung gelesen, auch beim gemeinsamen Frühstück.

Ich würde meine Tiere noch länger haben, sollte aber auch mal Urlaub ohne sie machen.

Damals hatte ich noch meine Hündinnen Kuki, die mir meine Tochter nach dem Ableben meiner geliebten Hündin Gina im Jahr 2005 geschenkt hatte, und Lilli. Kuki verlor ich leider 2010, drei Jahre nach seinem Tod.

Auf meine Frage nach den gefundenen verjährten Rechnungen erhielt ich die Antwort, ich solle die Rechnungen über ca. 10.000 Euro einreichen, denn ich würde das Geld erhalten, aber nur 50 % davon. Es würde mir zustehen, weil ich mit dem Restvermögen so schlecht weggekommen sei und er nichts mehr hatte regeln können. Die Auszahlung würde aber bis Ende des Jahres dauern, weil die Firma in Zahlungsschwierigkeiten wäre.

Als ich nach dieser Sitzung die Rechnungen, trotz Verjährung, einreichte und nachfragte, ob ich noch etwas erhalten würde, weil die Firma inzwischen tatsächlich in Konkurs gegangen war, erfuhr ich vom Konkursverwalter: »Ja, wir haben schon ein schlechtes Gewissen, wir legen ihre Rechnungen schon bereit, aber ihr Mann hat mit uns ausgemacht, er wäre auch mit der Hälfte zufrieden.«

Mich hätte es beinahe umgehauen.

Das Geld kam tatsächlich in Raten, erst 2000 Euro, dann der Rest von 3000 Euro. Unglaublich.

Mein Mann erzählte weiter, ich sei unfallgefährdet, solle auf keine Leiter steigen und im Verkehr aufpassen.

Tatsächlich verunglückte ich 9 Monate später mit meinem Wagen, war selbst schuld und es kostete mich ein Vermögen. Als ich ihm später bei einer anderen Sitzung vorwarf, wo er denn da gewesen sei, sagte er: »Da habe ich einmal nicht auf dich aufgepasst und schon sitzt du in der Scheiße.« Lachend sagte mein Medium: »Wie er sich ausdrückt!«

»Soll ich die Urne deines Vaters zu dir holen?«

Darauf bekam ich die Antwort: »Es würde mich sehr freuen, aber nur, wenn du genügend Geld dafür übrig hast.«

»Gefällt dir deine letzte Ruhestätte?« Er sagte ja, aber ich solle nicht so oft dahin gehen, da sei er nicht. Und ich solle nicht so viel Geld für Blumen ausgeben, einmal im Monat würde reichen, das brauche es nicht. Ihm sei wichtig, dass ich jeden Abend eine Kerze für ihn anzünde.

Bis dahin war ich jede Woche an seiner Grabstätte gewesen und auch das mit der Kerze stimmte.

»Ist die Gina bei dir?« Die Antwort des Mediums darauf: »Ja, ich sehe ein kleines Hündchen, mehr weiß als anders und es liegt bei ihm auf einer Decke. Er

würde die Gina versorgen und er und Gina würden sich schon freuen, wenn auch ich kommen kann.« Ich hatte nicht erwähnt, dass es sich bei Gina um einen Hund handelt. Meine Gina war überwiegend weiß mit zwei grauen Flecken gewesen. Ich hatte meine kleine Hündin 2005 verloren.
Erstaunlich.

Außerdem fragte ich ihn: »Bist du mir wegen des Autos böse?« Darauf bekam ich diese Antwort: »Nein, ich bin froh, weil ich weiß, dass der Wagen noch gefahren wird und nicht immer in der Garage steht. Ich weiß auch, dass du dir den Wagen mit Raffinesse unter den Nagel gerissen hast, aber raffiniert warst du ja schon immer.«

Ich bin fast vom Stuhl gefallen, weil in dem Schreiben an seinen Sohn wegen seines Autos tatsächlich ein Haken gewesen war, auf den ein normaler Mensch gar nicht gekommen wäre.

Auf die Frage: »Hast du deinen Frieden gefunden?«, antwortete er … »Ja, er habe sein Plätzchen gefunden, es ginge ihm gut da drüben, aber unentwegt kämen Leute, um nach ihm zu sehen, das störe ihn, denn sein Zustand sei eine andere Frequenz. Er wolle seine Ruhe haben.«

Ich dachte nur, ein Eigenbrötler war er ja schon immer gewesen.

»Waren in dem Schließfach wirklich nur 500 Euro?« Er darauf: »Nein, es wäre sehr viel mehr gewesen, aber ich solle dem Robert deswegen nicht böse sein. Er hätte mich angelogen wegen seiner Zuckerwerte, er hätte massiv Zucker und würde sich an gar nichts halten. Er würde in ein paar Jahren sein Bein verlieren.«

Einige Zeit zuvor hatte ich ein Gespräch mit seinem Sohn gehabt, bei dem ich ihn nach seinen Zuckerwerten gefragt hatte und er hatte damals zu mir gesagt, seine Werte seien nicht dramatisch. Als ich ihm später begegnete, sah ich schon, dass das nicht stimmen konnte, weil er aussah, wie ein fetter Buddha.

Mein Mann erzählte auch, dass Robert nie an ihn denken würde, aber er denke oft an seinen Sohn.

Vor dieser Sitzung hatte ich noch nie mit diesem Medium gesprochen und auch nie erwähnt, dass es einen Sohn namens Robert gibt.

»Ich weiß, dass du viel lachst und einen netten Bekanntenkreis hast. Früher hat mich dein lautes Lachen gestört, weil ich nicht so fröhlich sein konnte, aber jetzt freut es mich, dass du so lachen kannst.«

Früher hatte ich beim Essen mit Freunden ständig Fußtritte unterm Tisch bekommen, da ich eine solche Frohnatur war und er ein sehr ernster, fast freudloser Mensch.

»Ich weiß auch, dass du viel geweint hast und mir jeden Abend eine Kerze anzündest.«

»Es war sehr schwer, dich zu halten.«

Stimmt auch. Ich hatte immer von ihm weggewollt. Wir waren mit unseren Ansichten einfach nicht zusammengekommen und er hatte deshalb immer sehr Druck gemacht.

Er erzählte weiter: »Es freue ihn, dass ich immer noch meine Wohnung so sauber halte. Auch, dass ich immer noch so eine gute Figur hätte. Schade, dass ich nicht auf dich gehört habe, dann hätte ich noch länger bei dir bleiben können.«

Als ich ihn in die Uniklinik gefahren hatte, war es ihm schon sehr schlecht gegangen und ich hatte vorgeschlagen, die OP nicht an diesem Tag machen zu lassen, sondern erst einmal in die Klinik nach Donaustauf zu fahren, um ihn mit Sauerstoff aufzupäppeln und erst dann die OP mit dem Herzschrittmacher in Angriff zu nehmen.

Das wollte er nicht. Dann ist er gestorben.

»Er sei kein Mensch besonders freundlicher Worte und sehr verstockt gewesen. Er konnte mich nie ganz verstehen, wir hätten wohl tiefer miteinander reden sollen. Er habe gerne und viel angeschafft. Aber sich auch gerne mit mir sehen lassen zum Angegeben.«

Er erzählte auf einmal von einem neuen hellen Möbel, das ihm so gefiel. Ich wusste im ersten Moment nicht, was er damit meinte, bis mir einfiel, dass ich ein halbes Jahr nach seinem Tod ein neues Sofa gekauft hatte, in hellbeige, und das blaue Landhaussofa samt Sessel meiner Tochter geschenkt hatte.

Plötzlich sagte mein Medium: »Er hat etwas Langes, Schwarzes an, vorne weiß, was ist das? Eine Krawatte?« Ganz perplex antwortete ich: »Mein Mann war Richter, hat er etwa seine Robe an?« Sie darauf: »Ach, eine Robe ist das! Er erzählt, dass er in diesem Leben in seinem Beruf sehr, sehr glücklich gewesen sei und der ihn ausgefüllt hätte.«

Stimmt, danach kam nichts mehr, weder Familie, noch Geld, noch Ansehen hatten ihn glücklich gemacht.

Ich sagte scherzhaft zu meinem Geistermädchen: **»Wahrscheinlich verdonnert er jetzt den ganzen Himmel.«**

Ich solle einen Bekannten von ihm grüßen, er hätte Darmkrebs, das wisse er nur noch nicht und er würde daran sterben.

Da ich diesen Herrn auch kannte, hatte ich große Sorge, was ich nun machen sollte. Sollte ich ihn warnen? Ich rief seine Gattin an und erzählte ihr davon.

Diese brach natürlich vor lauter Sorge um ihren Mann in Tränen aus. Ich tröstete sie, weil man aus dem Jenseits ja keinen Zeitpunkt erfuhr. Es könnte noch Jahre dauern.

Im Jenseits gibt es weder Zeit noch Raum. Manche Vorhersagen treffen sehr schnell ein und andere wiederum brauchen Jahre.

Ich fragte ihn, warum er gerade in dem Moment gegangen war, als ich ihn kurz verlassen hatte?

»Wir konnten uns nicht mehr verabschieden, aber ich wollte dich bei meinem Sterben nicht dabei haben, es wäre für dich und dein restliches Leben ein schrecklicher Schock gewesen, denn du hast noch Zeit zum Sterben.«

Er habe mich sehr geliebt, konnte es aber nicht so zeigen.

Seine Gesundheit sei auf Dauer schlecht gewesen, ich hätte viel Schlimmes mit ihm erlebt, und er danke mir, dass ich mich so um ihn gekümmert hätte.

Das stimmt. Immer wieder Bronchialkrämpfe, Erstickungsanfälle und ich hatte oft große Sorge, ob er nach Ankunft in der Notaufnahme überhaupt noch lebte. Es war entsetzlich.

Zum Schluss erwähnte das Medium noch, ich sollte eine Elisabeth von ihm grüßen. Ich wusste, wen er meinte und richtete die Grüße aus.

Das Phänomen der Grüße an Lebende war mir schon bekannt.

Sie erzählte plötzlich, dass mein Mann von einem blauen Wagen mit schwarzen eleganten Sitzen sprach. Ich erwähnte daraufhin, dass das sein Wagen sei, mit dem ich heute hier sei.

Er sprach, der Wagen gefalle ihm immer noch.

Diesen Wagen konnte das Medium gar nicht gesehen haben, weil ich ziemlich weit weg hatte parken müssen.

Zum Abschied sagte mein Mann: **»Wärst du jetzt bereit, wenn du stirbst, mit deiner Urne zu mir reinzugehen?«**

Ich war so berührt, dass ich fast weinen musste. Denn an unserem letzten Silvesterabend bei uns zu Hause nahm ich ihn mir einmal richtig vor, weil ich in unserer Ehe recht unglücklich gewesen war und warf ihm an den Kopf: **»Ich habe dich zeitweise so gehasst, dass ich mir dachte, wenn ich einmal sterbe und man legt mich mit dir zusammen in ein Grab, spuke ich solange herum, bis ich wieder draußen bin.«**

Von dieser Unterhaltung konnte niemand wissen, außer meinem Mann und mir. Ich habe nie mit jemandem darüber gesprochen. Ich war völlig fertig.

Dann war die Stunde um und ich bezahlte damals 80 Euro, ein eigentlich lächerlich kleiner Betrag. Sie verlangte für eine Sitzung nur so viel, wie für eine kosmetische Ganzkörperbehandlung. Also keine Abzocke.

Als wir die Stufen nach oben gingen, rief sie hinter mir her: »Wie können Sie so schlank sein, Sie trinken doch so viel Rotwein.« Aufgrund der vielen Erledigungen hatte ich damals tatsächlich ziemlich viel Rotwein getrunken. Und weiter: »Ihr Mann ist sogar ein wenig eifersüchtig, weil Sie mit Ihrem Freund so glücklich sind.«

Zum Abschied erwähnte ich, ich sei völlig durch den Wind, hoffentlich sei meinen kleinen Hündchen nichts passiert und hoffentlich käme ich gut heim.

Sie tröstete mich und meinte: »Keine Sorge, Ihren Hunden geht es gut und Sie kommen gut nach Hause.«

Ich fuhr meine Cousine nach München zurück und empfand die Alleinfahrt nach Regensburg wie auf Watte. Ich war völlig durcheinander und war am Ende froh, gut nach Hause gekommen zu sein.

Vererbte Hellsichtigkeit

Ich erfuhr von meiner Cousine, bei unserem gemeinsamen Gespräch auf der Rückfahrt, dass diese Frau schon als Dreijährige ihre Eltern mit Informationen verrückt gemacht hätte, die tatsächlich zutrafen, und dass sie diese Begabung von ihrer Großmutter vererbt bekommen hätte, und dass man diese Begabung besitzt, oder nicht.

Ich fragte sie einmal: »Wie können Sie mit Ihrer Geisterwelt so leben?« Sie meinte: »Man gewöhnt sich daran, in meinem Haus stehen so viele Geister herum, die ihre lebenden Verwandten und Freunde sprechen möchten, dass ich manchmal nach Wochen zu denen sagen muss: **›Verschwindet wieder, wenn euere Leute von mir nichts erfahren, kann ich euch auch nicht helfen.‹«**

Nach solchen Erfahrungen macht man sich schon so seine Gedanken über diese andere Welt.

Man stelle sich vor, man ist weg von dieser Erde, man erfährt da drüben, was man manchmal in seinem Leben alles angerichtet hat, ob bewusst oder unbewusst, aber man kann sich nicht mehr entschuldigen, weil die Menschen einfach nicht an ein Leben danach glauben und meinen, mit dem Sterben wäre alles vorbei, oder weil sie Angst vor solchen Sitzungen haben.

Das, glaube ich, ist die wirkliche Hölle für die Seelen. Man weiß alles aus seinem Leben und kann nichts mehr richtigstellen.

Jetzt verstehe ich auch, warum bei diesem Medium so viele Geister herumstehen und warten.

Ich hatte nach diesem Erlebnis wochenlang Bauchschmerzen, weil mich das alles so mitnahm. Immer wieder kehrte die Erinnerung mit den Antworten wieder, die so unglaublich und unfassbar klangen. Ich dachte immer wieder, wie macht diese Frau das? Vielleicht Hypnose?

Manche Antworten auf meine Fragen konnte sie sich sicher zusammenreimen, aber andere überhaupt nicht, zum Beispiel, ob ich jetzt bereit wäre, wenn ich sterben würde, mit meiner Urne zu ihm reinzugehen, und unseren schon Monate alten Streit. Oder die Abwicklung in der Zukunft mit dem Geld. Noch bemerkenswerter war die Geschichte mit meiner Schwiegermutter Lina. Einfach verrückt.

Beim Abschied erfuhr ich, dass sich mein Mann sehr gefreut hatte, dass ich da gewesen war und er mit mir hatte sprechen können.

Ich habe bei der Sitzung auch mitbekommen, dass alles nur mental über das Bewusstsein abläuft. Viele Menschen, denen ich davon erzählte, meinten, sprechen da die Toten? Sieht man sie etwa?

Nein, man sieht gar nichts, nur die geschlossenen

Augen des Mediums, die die Botschaften über ihr Bewusstsein erfährt und weitergibt.

Am Tag danach bat ich meinen Freund, zu mir zu kommen, ich hätte ihm so viel zu erzählen.

Als er meine Wohnung betrat und wir uns ins Wohnzimmer begaben, krachte mein größtes und schönstes Gemälde von der Wand, obwohl dieses Bild wegen seiner Schwere fest an der Wand verankert war. Komischerweise wurde das Bild mitsamt dem Rahmen durch das Herunterfallen gar nicht beschädigt. Im ersten Schrecken rief ich laut aus: »Lieber Herbert, schmeiß mir bitte nicht die ganzen Bilder von den Wänden, ich weiß schon, dass du dich gefreut hast und etwas eifersüchtig bist.«

Ich erzählte meinem Freund meine unglaublichen Erlebnisse und er staunte, meinte, so etwas gäbe es doch gar nicht.

Dann ging ständig das Telefon, es meldeten sich auf einmal viele Interessenten für die zum Verkauf stehende Eigentumswohnung, die meinem Stiefsohn Robert und mir gehörte, und für die wir monatelang versucht hatten einen Käufer zu finden. Bald fanden wir einen.

Langsam war dies alles mehr als komisch!

Poltergeist Auto

Als ich später in die Tiefgarage zu meinem Wagen ging, um Einkäufe zu erledigen, schlug es, nachdem ich in den Wagen meines Mannes gestiegen war und den Anlasser betätigte, unter der Motorhaube plötzlich gewaltig, als wäre darunter irgendein Tier.

In meiner ersten Aufregung rief ich aus: »Herbert erschrecke mich nicht so, ich weiß, dass du dich gefreut hast« und fuhr rückwärts aus der Parklücke. Plötzlich fing es auch im Kofferraum an zu schlagen, sodass der ganze Wagen vibrierte, obwohl der Kofferraum ganz leer war.

Ich war so erschrocken, dass ich erst einmal stehen bleiben musste.

Dann dachte ich, ich müsste wohl mal in die Werkstatt, vielleicht war etwas mit dem Wagen nicht in Ordnung. Ich fuhr dann doch los, und siehe da, der Wagen lief ganz normal, es rührte sich nichts mehr, obwohl ich den ganzen weiteren Tag über damit fuhr. Am Abend stellte ich ihn wieder in die Garage auf unseren Tiefgaragenplatz und dachte insgeheim, der Spuk wäre vorbei. Denkste!

Als sich am anderen Tag, und die darauffolgenden nächsten Tage, dieses Spektakel wiederholte, wurde mir langsam mulmig.

Ich dachte mir, wenn das nicht aufhört, bekomme ich Angst und verkaufe den Wagen.

Als es mir langsam zu dumm wurde, schimpfte ich am Abend: **»Herbert, wenn du mit dem Spuk nicht aufhörst, verkaufe ich den Wagen, langsam bekomme ich Angst.«**

Und siehe da, anderntags war Ruhe beim Anlassen und ich freute mich, dass es nun vorbei war. Von wegen! Ein paar Tage lang sah ich mir das noch an. Dann reichte es mir und ich fuhr zu unserer Werkstatt und teilte den Mechanikern mit, dass mit dem Wagen etwas nicht in Ordnung sei. Dort meinte man dann, die Geräusche könnten vom Kaltstart kommen. Ich solle den Wagen ein paar Tage in der Werkstatt lassen, man würde nachsehen.

Nach einer Woche wurde ich angerufen, man hätte nichts gefunden. Jeden Tag habe ein anderer aus der Werkstatt den Wagen sogar über die Autobahn gejagt, habe den Wagen vor der Werkstatt über Nacht draußen wegen dem Kaltstart stehen gelassen, aber nichts habe sich gerührt. Der Wagen wurde durchgecheckt, ihm fehlte nichts. Ich erzählte dem Chef der Werkstatt, den mein Mann und ich schon seit 30 Jahren gut kannten und bei dem wir unsere gesamten Autos hatten Warten lassen, dass ich die Befürchtung hätte, dass mit dem Wagen etwas nicht stimmte, man solle sich den Motor genauer ansehen. Und siehe da, ein Teil der Motorbefestigung war angebrochen und angerostet. Das war vielleicht eine Überraschung. War wohl doch so etwas wie eine Warnung gewesen, weil ich mit diesem schnellen Wagen schon mal mit 190 bis 200 km/h über die Autobahn fuhr und die Gefahr bestanden hatte, zu verunglücken, oder der Motor draufgegangen wäre. Ich habe im Internet gelesen, dass es dieses Poltern des Motors gibt, wenn etwas nicht stimmt. Da dieser Schaden schon länger bestanden hatte, wundert es mich, dass er sich erst nach der Sitzung bemerkbar machte. Und noch mehr, dass nicht nur, wie üblich, der Motorblock polterte, sondern der ganze Wagen.

Phänomen Teelichter

Nach dem Tod meines Mannes versuchte ich auf meine Weise die Trauer zu bewältigen. Als es ihm schon schlecht gegangen war, waren wir jeden Abend vor dem Abendessen gegen 18.00 Uhr, um ihn überhaupt noch ein wenig zu bewegen, weil er von dem ständigen Herumsitzen im Sessel schon Druckstellen am Po erlitt, in ein Lokal gefahren, um entweder ein Feierabendbierchen zu trinken oder ein Glas Rotwein. Das hatte ihm gut getan, weil Alkohol die Gefäße erweitert. Ein Speiselokal ganz in unserer Nähe hatten wir gerne aufgesucht, dort konnte man auch ohne Essen zu bestellen, etwas trinken. Luna hieß das Lokal. Dort standen auf jedem Tisch kleine Teelichter. Als nun mein Mann verstorben war, hatte ich so gar keine Lust auf Gesellschaft und wollte alleine sein. So fuhr ich jeden Abend, wie gewohnt, in dieses Lokal und bestellte mir, wie früher, ein Glas Rotwein und setzte mich grundsätzlich an den Tisch, an dem wir immer gemeinsam gesessen hatten. Ich dachte an ihn und prostete ihm heimlich zu. Obwohl ich Nichtraucherin war, zündete ich mir in Gedenken an ihn, er war früher starker Raucher gewesen, eine Zigarette an und sinnierte vor mich hin. Meistens war um diese Zeit das Lokal noch leer, bis auf ein paar Stammgäste, die sich am Tresen aufhielten, weil die Gäste erst später zum Essen kamen. Auf jedem Tisch im ganzen Lokal standen auf den Tischen kleine Teelichter. Auf einmal fiel mir auf, dass das kleine Teelicht auf dem Tisch vor mir nur zu mir in meine Richtung flackerte, ich dachte mir aber vorerst nichts. Ich sah mich um, ob eine Lüftung daran schuld sei, entdeckte aber nichts im ganzen Lokal. Irgendwann sah ich mich auch nach den anderen Teelichtern auf den Tischen um und bemerkte, dass alle Teelichter im Lokal nur in meine Richtung zeigten. Es kam mir von Tag zu Tag komischer vor. Es machte mich nachdenklich und ich nahm mir vor, mich am nächsten Tag in eine ganz andere Richtung zu setzen, um zu schauen, ob sich die Richtung der flackernden Teelichter auch änderte. Ich setzte mich entgegengesetzt an einen ganz anderen Tisch und bestellte mir meinen Wein. Dann kam ich aus dem Staunen nicht mehr heraus, weil alle Teelichter auf den anderen Tischen wieder, wie durch Geisterhand, mit ihren Flammen nur auf mich, beziehungsweise in meine Richtung zeigten. Und so ging es jeden Tag und fiel natürlich nur mir auf, weil an den anderen Tischen manchmal auch Gäste saßen, die dies nicht bemerkten. Mittlerweile gefiel mir dieses gespenstische Spektakel und ich fing an, mich sogar zu freuen. Ich konnte mich hinsetzen wo ich wollte, nach wenigen Minuten zeigten alle Flammen wieder auf mich.

Da ich immer alleine war, mein Gläschen in Erinnerung an meinen Mann schlürfte und eine Zigarette ›rauchte‹, baten mich der Wirt und die Stammgäste am Tresen, ich solle mich doch zu ihnen gesellen und nicht immer so alleine herumsitzen. Sie fragten natürlich nach, wieso ich immer alleine hier sei und ich erzählte vom Tod meines Mannes, und dass wir früher jeden Tag gegen Abend hier gewesen seien. Ich fragte den damaligen Wirt, ob er denn besondere Teelichter auf seinen Tischen hätte und erzählte ihm von meiner Beobachtung.

Erstaunt sah er sich in seinem Lokal um und auch die anderen bemerkten dieses Phänomen, denn alle

Lichter deuteten auf mich, egal, wo ich mich aufhielt. Daraufhin war der Wirt so entsetzt, dass es ab diesem Zeitpunkt keine Teelichter mehr auf den Tischen gab, sondern nur noch Blumengestecke. Ich war ihm deshalb nicht böse, aber er meinte, so einen Gespensterkram halte er nicht aus. Das alles passierte lange vor dem Termin mit meinem Geistermädchen.

Helga

Sechs Monate nach dem Tod meines Mannes rief mich seine Exfrau Helga an und teilte mir mit, sie wäre schon längere Zeit schwerkrank, dass sie sterben müsse und ob ich mich um Robert kümmern würde. Ich teilte ihr mit, dass ich es noch nicht wüsste und Herbert fragen wollte. Ich sagte damals zu ihr: »Dann wirst du ja bald dem Herbert begegnen.« Worauf sie antwortete: »Nein dem will ich gar nicht begegnen, ich will nichts mehr von ihm wissen.« Die beiden hatten sich zu Lebzeiten gar nicht verstanden. Als ich ihn später bei einer erneuten Sitzung nach Helga fragte, ob er sie getroffen oder gesehen hätte, antwortete er nur, er habe sie wahrgenommen, mehr sage er dazu nicht. Und um seinen Sohn Robert solle ich mich nicht kümmern, er sei für sich selbst verantwortlich.

Es gibt keine Zufälle

Einmal fuhren meine Tochter und ich auf den Friedhof zu seiner Urne, weil die Batterie der Dauerkerze leer war. Wir popelten sicher mehr als eine halbe Stunde daran herum, doch kein Licht ging an. Dann wurde es mir zu dumm und ich sagte laut: **»Herbert, wenn du a Lichterl haben willst, dann richts dir selber.«**

Und siehe da, auf einmal machte es **›bling‹**, das Licht war an und wir beide staunten.

Als ich später wieder bei meinem Medium war, erzählte ich ihr dies und meinte, das könne auch Zufall gewesen sein. Sie erwiderte nur: »Nein, es gibt keine Zufälle. Es gibt keinen Zufall und die Menschen, die zu mir kommen, sind für mich bestimmt und ich für sie.«

Weihnachtsabend

Nach dieser Sitzung erlebte ich am kommenden Weihnachtsabend eine mehr als merkwürdige Geschichte.

Als ich die gesamten Sachen meines Mannes nach seinem Tod von der Uniklinik abgeholt hatte, hatte seine Armbanduhr gefehlt, die ich ihm einmal geschenkt hatte.

Da er durch die Cortisoneinnahmen eine Haut wie Papier bekommen hatte und am Arm ständig Druckstellen erlitt, hatte er von mir eine flache Armbanduhr in Gold erhalten, die ihn beim Tragen nicht so verletzte.

Diese fand ich nach Abholen seiner Sachen einfach nicht mehr. Auch auf Nachfrage in der Uniklinik fand man nichts.

Da mein Enkelkind Kai, der seinen Opa sehr geliebt hatte, von seinen Sachen aber den Hausanzug, grau mit blauen Absetzungen im Oberteil, den er zu Hause so gerne getragen hatte, behalten wollte, schenkte ich ihm diesen als Andenken.

Am ersten Weihnachtsabend nach seinem Tod, als alle Familienmitglieder endlich ins Zimmer zur Bescherung durften, kam mein Enkel in diesem Anzug zur Tür herein.

Meine Tochter rief verdutzt: »Jetzt hat er sogar den Anzugs seines Opas an.« Plötzlich hatte Kai die Armbanduhr, nach der ich so gesucht hatte, in der Hand.

Als ich ihn bat, sie mir mal zu geben, entdeckte ich den Todeszeitpunkt meines Mannes auf dieser Uhr.

Ich hatte das Krankenzimmer um 11.15 Uhr verlassen. Seine Uhr war um 11.16 Uhr einfach stehen geblieben.

Was für ein Geschenk. Somit wusste ich, dass er nicht hatte leiden müssen. Er verließ mich und unsere Welt um diese Zeit und ich war unendlich glücklich. Seine Armbanduhr steht heute noch auf 11.16 Uhr.

Die Uhr befand sich in einer Seitentasche des Anzugs mit Reißverschluss.

Inkarnation

Nach solchen Erfahrungen wurde ich sehr nachdenklich und ich kam langsam zu dem Schluss, dass dieses Medium, Karina Traxinger, mit ihrem Büchlein doch recht haben könnte.

Dass manches, was wir Menschen an Leid in diesem Leben durchmachen und uns nicht erklären können, vielleicht doch mit einem früheren Leben zusammenhängt. Es könnten Anteile aus einem vergangenen Leben sein. Dass Vieles, was wir in unserem Leben an Schicksalsschlägen hinnehmen müssen, vielleicht aus einem anderen Leben zu verantworten ist.

Vielleicht inkarnieren wir wieder, um Schmerzen, die wir anderen zugefügt haben, am eigenen Leib zu erfahren und zu spüren. So, wie uns die Vergangenheit einholen kann, können uns Handlungen, die wir vor Hunderten von Jahren vielleicht einmal begangen haben, wieder einholen. Wer einmal gemordet hat, wird in einem anderen Leben selbst umgebracht.

Wer Menschen in Armut stürzte, wird heute selbst in Armut leben. Diejenigen, die heute Kriege führen, könnten sicherlich in einer anderen Inkarnation selbst getötet werden. Erst wenn wir gelernt haben, selbstlos zu lieben und zu handeln, werden wir nach vielen Inkarnationen in Freiheit heimkehren und uns das Himmelreich verdient haben.

Scheinbar ist unsere Erde ein Planet der Schule, man könnte ihn auch als Kindergarten des Universums bezeichnen.

Da Gott uns den freien Willen gab und vielleicht auch die Möglichkeit, wieder auf die Welt zu kommen, erscheint es ganz plausibel, warum es auf unserem Planeten immer mehr Menschen gibt. Wir sind nun mal fehlbar und fällen falsche Entscheidungen, lassen uns von schlechten Mächten wie Habsucht, Neid, Misstrauen, Missgunst, Geiz, Eitelkeit, Verachtung, Lieblosigkeit usw. einholen und versperren uns den Weg zur Vollkommenheit. Sind also Wiederholungstäter und dürfen oder müssen wieder in ein neues Leben gehen.

Aus Neugier fragte ich deshalb mein Geistermädchen einmal, ob es auch böse Mächte gäbe. Daraufhin sagte sie: »Natürlich gibt es diese auch, aber wenn Sie es nicht zulassen, haben sie keinen Zugang zu Ihnen.«

Wiedergeburt

Die Geschichte mit der Wiedergeburt bekommt fast einen Sinn, wenn ich an meinen Freund denke. Als ich ihn kennenlernte, bemerkte ich einen so wunderbaren, lieben und guten Menschen, wie ich noch keinen in meinem Leben gekannt hatte. Da gab es keine Repressalien, wie bei meinem Mann, kein unschönes Wort an mich. Ich wurde immer höflich und respektvoll behandelt. Er war hilfsbereit und sehr lieb und gut zu mir. Wie oft saß ich am Anfang unserer Bekanntschaft nachts auf meiner Terrasse, sah den Himmel und die Sterne und dachte: »Habt ihr mir diesen Menschen geschickt?«

Als ich mein Geistermädchen fragte, wieso ich erst in so späten Jahren so glücklich werden durfte, sagte sie: **»Sie haben sich sicher in einem früheren Leben gekannt und geliebt und Ihr verstorbener Mann weiß dies.«** Das gibt es nämlich auch.

Bei der späteren Sitzung wegen meiner Mutter, auf die ich noch komme, jammerte meine Tochter, dass sie einmal abgetrieben habe und ihr dies so leid täte. Daraufhin erfuhr sie, dass sie wahrscheinlich noch einmal auf diese Welt kommen muss, um dieser Seele das Leben zu schenken. Auf jeden Fall ist es jemand aus der Familie.

Es wäre ein Mädchen geworden. Erstaunlich ist daran nur, dass die Abtreibung so früh gewesen war, dass man das Geschlecht noch gar nicht hätte feststellen können.

Meine geliebte Tochter starb 4 Jahre später mit 51 Jahren an Krebs. Ob sich ihr Schicksal wohl deshalb schon erfüllt hat?

Andere Seher behaupten, dass wir je nach Erreichen einer höheren Ebene, nach Abwägen vieler Kriterien, unsere Eltern sogar selbst aussuchen dürfen und können.

Mutter Franziska

Nach dem Tod meiner Mutter bekamen meine Erfahrungen über das Leben danach noch einmal einen richtigen Schub.

Sie war in der letzten Zeit ihres Lebens, altersbedingt, immerhin wurde sie 95 Jahre alt, recht abgemagert, weil sie keine Lust mehr auf Essen hatte und alles verweigerte. Nur Krapfen und eine Radlerhalbe schmeckten ihr noch, sonst nichts mehr.

Einen Tag vor ihrem Tod besuchte ich sie. An diesem Tag wurde sie gebadet und es wurden auch ihre

Haare gewaschen. Die Friseurin war da und hatte ihr die Haare mit Lockenwicklern eingedreht, aber nur durchgekämmt und nicht toupiert, wie ich es ihr immer machte, damit die Haare mit Haarspray Stand bekamen. Dadurch sahen sie aber recht **›zusammengedrückt‹** aus. Ich hatte all die Jahre, die sie in diesem Heim war, ihre Haare gepflegt und sie schön gemacht. Sie sah immer gut und gepflegt aus. Ich sah dies, als ich sie besuchte und sagte zu ihr: »Ich mache dir morgen deine Haare schön, heute ist es schon zu spät, es ist schon nach 17 Uhr, ich komme morgen schon um die Mittagszeit und helfe dir beim Essen.«

Anderntags darauf läutete um 12.00 Uhr das Telefon, ich war gerade im Aufbruch zu ihr.

Eine Schwester war am Apparat und teilte mir mit: »Ich glaube, Ihre Mama liegt im Sterben, ich müsste mich schon schwer täuschen.«

Besorgt eilte ich zu ihr und sah, dass meine Mutter bereits im Koma lag. Traurig setzte ich mich zu ihr ans Bett, streichelte sie und sprach zu ihr: »Bist eine gute Mama gewesen und darfst jetzt ruhig gehen.« Ich erzählte ihr aus meiner Kindheit und was sie mit uns, ich hatte ja auch noch einen Bruder, so gemacht hatte, ich erzählte ihr aus unserem gemeinsamen Leben. Ich kommunizierte mit ihr gut eine Stunde und rief dann meinen Bruder an, er solle mit seiner Frau kommen. Dann verständigte ich meine Tochter, die dann ebenfalls mit ihrem Freund als Beistand erschien.

Meine Tochter saß am Kopfende des Bettes und hielt umarmend ihren Kopf, ich saß auch am Bett und hielt ihr die Hand. Dreieinhalb Stunden später tat meine geliebte Mutter ihren letzten Atemzug.

Das war am 6. Januar 2011 gewesen. Am 8. Juni 2011 hatte ich wegen meiner Mutter bei meinem Medium einen Termin.

Meine Tochter meinte, sie wolle dabei sein und sich diesen Schwindel auch einmal anhören.

Sie glaubte nämlich nichts davon und erwähnte auf der Fahrt: »Wenn Oma uns ihr Sterben erzählt, bei dem nur wir alleine mit ihr waren und kein Priester, keine Krankenschwester, kein Arzt, sondern wirklich nur wir fünf im Zimmer waren, Du, Ich, mein Freund Josi, dein Bruder und seine Frau dann glaube ich das alles auch.«

Zuerst ließ ich meinen Mann kommen, weil ich noch so viel Fragen an ihn hatte.

Plötzlich sagt mein Geistermädchen, so nannte ich mein Medium zwischenzeitlich: »Jetzt müssen wir mit Ihrem Mann aufhören, Ihre Mutti ist schon ganz **wepsig,** sie möchte auch noch drankommen.« Dann kamen die Informationen meiner Mutter.

Das Medium erzählte: »Ihre Mutter liegt noch im Bett und es ist eine Anna bei ihr.«

Als ich anmerkte, das könne nur ihre Schwester Anna sein, sagte sie: »Die ist aber schon lange tot!« Wir antworteten darauf: »Ja, schon 34 Jahre.« worauf sie ganz verblüfft antwortete: »Die starb ja Lungenkrebs und hat nie geraucht.«

Dann ging es los. Als erstes schimpfte sie über ihre Haare, die hätten ihr gar nicht gefallen. »**Meine Haar san greislich (Hochdeutsch, scheußlich) gwesen. Als i aus meinem Körper rausging, hab ich mi liegen gsehen. Ja, i hob ja ausgschaut, wia zamzogene Zwetschge, nur no Haut und Knocha.«**

Wir kippten vor Lachen fast vom Stuhl, weil diese Reaktion und Aussage so typisch für unsere eitle Mutter war.

Als ich Mutti fragte, wie es ihr beim Sterben ergangen war, antwortete sie: »Ihr wart von der Familie zu fünft im Zimmer, zwei von euch haben mich beim Sterben gehalten, das hat mir gut getan, weil ich solche Angst vor dem Sterben hatte und es war noch jemand im Zimmer und ich habe mich gewundert, warum der sich so etwas antut.« Meine Tochter ließ daraufhin einen Schrei los, denn Mutti meinte damit ihren Lebensgefährten.

Sie erzählte, dass ich, wenn ich sie jeden Tag im Heim begrüßt hatte, ihr die Wange gestreichelt hätte, ich wäre fast immer bei ihr gewesen und hätte mich so um sie gekümmert.

Weil ich sie auch fragte: »Habe ich genug für dich getan?«, worauf sie mir sagte: »Ja, Kind, mehr als genug und du hast mir beim Sterben sogar die Hand gehalten.«

Mutti erzählte weiter, dass ihr der Pullover, den ich für die Bestattung mitgegeben hatte, so gefallen hätte. Es war ihr Lieblingspulli in den Farben Pink, Petrol und Lindgrün mit Perlen gewesen.

Mein Geistermädchen berichtete weiter: »Ihre Mutter ist sehr oft bei Ihnen in der Wohnung und erwähnt, dass sie vor kurzem ein so schönes Sofakissen gekauft hätten mit einer großen Satinschleife darauf, sie fand es so schön, dass sie es gleich streicheln musste.«

Ich war sprachlos, denn ich hatte im April, sie starb ja schon im Januar, bei einem Fernsehsender ein sektfarbenes Sofakissen mit einer Satinschleife darauf gekauft, das, wenn man den Reißverschluss aufmacht, zu einer Decke wird.

Ich wurde dann von diesem Medium gefragt, ob meine Mutter sehr ›gottgläubig‹ gewesen sei?

Ich erwiderte: »Ja, sie war sehr gläubig.« Sie sagte dann: »Das sehe ich an den Farben. Je näher ein Mensch Gott ist, desto prächtiger sind die Farben, in denen ich ihn sehe.«

Sie fragte mich dann auch: »Und Ihr Mann hat wohl gar nichts geglaubt, weder an Gott noch an ein Leben nach dem Tod?« Ich sagte darauf, dass mein Mann ein reiner Atheist gewesen sei.

Ja, das sehe sie an den Farben, sie wären nicht so schön.

Ich wollte dann wissen, ob Kuki, mein zweiter verstorbener Hund, der ihr bei Besuchen immer auf den Schoß gesprungen und sehr anhänglich gewesen war, bei ihr wäre. Er ist am 21.8.2010 gestorben, also vor meiner Mutter. Die Frau fragte: »Was ist das, eine Katze? Ich sehe eine Katze.«

Scheinbar war nicht nur mein kleiner Hund Gina bei meinem Mann, sondern auch meine Perserkatze Jessika bei meiner Mutter, die sie während unserer Urlaube immer versorgt hatte, die jedoch im Alter von 20 Jahren schon lange vor meiner Mutter am 4. Dezember 2006 gestorben war. Ich war dann so sprachlos, dass ich nach meinem zuletzt verstorbenen Hund Kuki gar nicht mehr fragen konnte.

Mama beschwerte sich bei mir, dass ich sie, als sie nichts mehr hatte essen wollen, gezwungen hätte, löffelweise Brei zu essen. Ich hätte sie **›geschoppt‹** wie eine Gans. Weil ich große Sorge um sie gehabt hatte, hatte ich versucht ihr wenigstens abends Griesbrei oder Reisbrei zu geben.

Dann fing diese Frau an, meine Tochter anzusprechen und sagte ihr: »Sie haben Depressionen. Ihnen fehlt von Geburt an ein Botenstoff im Gehirn, Sie dürfen die Tabletten niemals absetzen. Gehen Sie eine neue Beziehung ein und beenden Sie die alte, dieser Mann tut Ihnen nicht gut.« Dann erzählte meine Tochter von ihrer Sorge wegen der Abtreibung, die ich schon einmal erwähnte.

Gott

Ich fragte sie, ob es Gott gibt.

»Natürlich gibt es Gott, aber in einer anderen Form, als wir uns dies vorstellen können.« Ich antwortete darauf: »Hat wohl nichts mit den jeweiligen Glaubensrichtungen zu tun.«, und sie sagte: »Nein, überhaupt nicht. Es ist eine allumfassende Energie.«

Dann wurde ich von ihr gefragt, ob ich denn meinen Mann nicht sehen würde, der wäre ja ständig bei mir zu Hause. Ich meinte daraufhin: »Er kann schon bei mir bleiben, aber sehen möchte ich ihn nicht, das macht mir Angst.« Sie warnte mich, weil er so oft bei mir wäre. »Wenn er Ihnen zu viel wird, schmeißen Sie ihn raus, dann muss er gehen.« Ich lächelte mild, was mir aber bald verging.

Dann fuhren wir heim und meine Tochter meinte, dass sie jetzt glauben würde, dass es ein Leben nach dem Tod gibt.

Hund Lilli

Einige Wochen später wurde eines Abends mein kleiner Hund Lilli sehr unruhig. Damals hatte ich nur die Lilli, die fast rotierte. Sie versteckte sich im dunklen Bad, unter dem Sofa und war völlig von der Rolle. Ließ sich von mir nicht auf den Arm nehmen, schnüffelte irgendwie in den Raum, schaute ständig hinter mich, als würde sie etwas oder jemanden sehen. In der Wohnung war alles so wie immer. Keine anderen Geräusche, der Fernseher lief leise, kein Krach. Voller Sorge wollte ich meinen kleinen Hund beruhigen, weil er einen schweren Herzfehler hatte und ärztlich behandelt wurde.

Dieser Spuk, der mich fast verrückt machte, dauerte bis in die Nacht um 3 Uhr. Denn erst, als ich schlafen ging und den Hund mit unter meine Bettdecke nahm und er nichts mehr sehen konnte, schliefen wir ein.

Am nächsten Abend begann das gleiche Spielchen. Unruhe ohne Ende. Das sah ich mir ein paar Abende an, dann hielt ich mich an den Rat meines Mediums, das einmal erwähnte hatte, wenn es mir zuviel würde, sollte ich ihn rausschmeißen.

Ich stellte mich mitten ins Wohnzimmer, kam mir entsetzlich doof vor und schimpfte lauthals los: **»Lieber Mann, verschwinde von hier, meine kleine Lilli ist doch krank, du hast es ja schon geschafft, aber ich muss dieses dämliche noch Leben ausleben, erschrecke mich und meinen Hund nicht so und hau ab.«**

Und siehe da, auf einmal war Ruhe, von einer Sekunde auf die andere, der Hund war sofort wieder still und nicht mehr unruhig. Und es ist bis heute so.

Ich dachte mir damals nur, was mache ich noch alles mit.

Rosenduft

Ich war noch oft bei meinem Geistermädchen, wenn meine Sorgen zu viel wurden und immer wieder wurde ich von meinem Mann getröstet und erhielt Ratschläge und Hilfe.

Ich war wieder einmal dort und erhielt einen Termin im November 2009 um 18.00 Uhr.

Bei dieser Sitzung sprach ich meinen Mann auf meine Tochter Petra an, weil er beim ersten Mal erzählt hatte, es gäbe ein Kind und das wäre nicht seins, er habe es aber sehr gern gehabt. Mich verblüffte diese Antwort damals, weil er keineswegs ein liebevoller Stiefvater gewesen war. Ich fragte ihn, wen er meinte, meinen Enkel Kai, den er wirklich sehr gemocht hatte, oder wirklich meine Tochter Petra. Er sagte, Petra.

Dann hat er mir erklärt, warum er dieses Kind nicht so hatte lieben können, wie sie es verdient gehabt hätte. Er war ein guter und vernunftmäßig strenger Stiefvater gewesen, aber gegen das Kind irgendwie lieblos. Er hat es nie auf den Arm genommen oder getröstet und immer ins Kinderzimmer abgeschoben, wenn er heimkam. Zwischen uns gab es immer wieder Zoff wegen meinem Kind Petra.

Und was erfahre ich da:

Er konnte das Kind nicht so lieben, weil er als Kind selbst keine Liebe erfahren hatte. Er war 11 Jahre alt gewesen, als die Eltern getrennt wurden. Als der Krieg verloren war, war sein Vater verhaftet worden und nach Russland in ein Gefangenenlager gekommen. Er hatte seinem kleinen Sohn damals, bevor er verhaftet wurde empfohlen, sich mit einer Pistole, die er ihm gab, nach Deutschland durchzuschlagen. Der Junge verschwand damals alleine bei Nacht und Nebel. Auch seine Mutter musste aus der damaligen Tschechoslowakei fliehen und nahm die Tochter mit. Sein Vater war Sudetendeutscher und seine Mutter eine gebürtige Tschechin gewesen. Seine Mutter und Schwester waren nach der Flucht ins Lager nach Ebermannstadt bei Bamberg gekommen, und der kleine Herbert hatte es direkt nach Berlin geschafft, wo ihn sein Vater über das Rote Kreuz ausfindig machen und zu sich holen konnte. Allerdings erst, als er aus der Gefangenschaft mit Hilfe eines Karl Sauer fliehen konnte. Jener Karl Sauer, von dem mein Vater sprach. Dieser machte ihn später mit seiner verwitweten Schwägerin Lina Sauer bekannt und sein Vater baute sich mit dieser Frau ein neues Leben auf und hatte somit auch die Möglichkeit, seinen Sohn aufs Gymnasium zu schicken und ihn studieren zu lassen. Sein Vater wollte mit seiner Mutter nichts mehr zu tun haben, weil diese ihn früher in jungen Jahren immer mit ihrer Eifersucht schrecklich genervt hatte.

Ich erinnerte mich, dass sein Vater oft von dieser furchtbaren Ehe erzählt hatte, in der er immer von ihr erpresst worden war, indem sie sich in Ohnmacht hatte fallen lassen, wenn er mal ins Wirtshaus zu seinen Freunden gewollt hatte. Als er jedoch eines Tages mitbekam, dass sie heimlich blinzelte, als sie wieder einmal auf dem Boden lag, um zu sehen, ob ihre Gemeinheit wirkte, mochte er sie nicht mehr.

Man weiß ja, was die Tschechen mit den Deutschen nach Beendigung des Krieges machten. Damals blieb den Sudetendeutschen nur die Flucht oder der Tod. Die Elbe in Aussig war blutrot von den ermordeten Deutschen, die ins Wasser geworfen wurden. Eine ganz schreckliche Zeit.

Aus früheren Erzählungen wusste ich von ihm, dass sich sein Vater und seine Mutter nach dem Krieg trennten, was seiner katholischen Mutter gar nicht gefiel, sie wollte ihren Mann wieder zurück haben. Als sie erfuhr, wo er mit dieser Witwe lebte, die ein Geschäft hatte und unter anderem auch eine Kohlenhandlung betrieb und gerade deshalb einen kräftigen Mann benötigte, traktierte sie seinen Vater, indem sie sich an seinem Wohnort, mitsamt der Tochter, einquartierte, damit alle mitbekamen, dass sie seine rechtmäßige Frau sei. Sie schrieb ganz unverschämte und hässliche Briefe an den Pfarrer und den Bürgermeister der Gemeinde und machte seinem Vater und seiner Lebensgefährtin das Leben zur Hölle. Seine Mutter benutzte den Buben als **Waffe** und überhäufte ihn mit Geschenken, um ihn auf ihre Seite zu ziehen.

»Herbert erzählte mir, dass er immer hin- und hergerissen wurde zwischen seinem Vater und seiner Mama. Daraufhin wurde er immer in sich gekehrter und er sagte, dass die ständigen Konflikte mit seinen Eltern für ihn die Hölle gewesen seien.«

»Jedoch waren es ja nicht nur diese Konflikte, die

er als Kind verarbeiten musste. Seine Flucht nach Deutschland bestand aus der Todesangst, sich als deutsches Kind durchschlagen und Menschen erschießen zu müssen, um nicht selbst getötet zu werden.«

Und das als 11-jähriges Kind. Dass er ein Sonderling wurde, wundert niemanden mehr.

Auch solche Dinge erfährt man aus dem Jenseits, weil die Seele, mein Mann, erklären wollte, warum er so hart und so verstockt gewesen war. Das sind Geschichten und Geschehnisse, die man in so einer Sitzung von den Toten erfährt, und die niemand wissen kann.

Als er 2007 verstarb, verständigte ich seine Abiturfreunde, dass nun wieder einer von ihnen gegangen sei. Überraschenderweise wurde ich von seinem Freund gefragt, ob ich seine Frau sei und wie es mir mit ihm denn ergangen sei. Als ich verwundert nachfragte, wieso er das fragte, erfuhr ich, dass mein Herbert immer ein Außenseiter und Sonderling gewesen war, immer abseits gestanden hatte, keine Freunde gehabt hatte oder hatte haben wollen, aber sehr gescheit gewesen war und nie hatte lernen müssen. Mich wunderte bald nichts mehr. Wenn ich dies alles schon früher erfahren hätte, hätte ich meinen Mann sicher viel besser verstehen können.

Bei der Heimfahrt war es schon dunkel und ich suchte auf der Bundesstraße die Auffahrt zur Autobahn, um schneller nach Regensburg kommen zu können. Diese verpasste ich natürlich in der Dunkelheit und ich stellte bald völlig verzweifelt fest, dass ich mich verfahren hatte. Ich fürchtete, nicht mehr heimzufinden, da es nur noch 20 km nach München waren und mich in München gar nicht auskannte. Mein Herz klopfte und stolperte wie wild, weil ich mich so aufregte.

Plötzlich sah ich einen Ortsnamen, den ich von der Autobahn nach Salzburg kannte.

Ich dachte mir: »Oh mein Gott, vielleicht finde ich doch noch nach Hause, wenn ich diese Auffahrt nicht verpasse.« Ich fand sie und war bald auf der Autobahn beim Brunnthal Dreieck und in Richtung nach Hause. Mir fiel ein Stein vom Herzen.

Als ich daheim angekommen war, setzte ich mich erst einmal hin, zündete mir eine Zigarette an und schenkte mir ein Glas Wein ein. Dann sagte ich leise vor mich hin: »Danke, Herbert, dass ich heim gefunden habe.«

Plötzlich fing es in der Wohnung an, ganz intensiv nach Rosen zu duften, und zwar so gewaltig, als wäre ich auf Tausende von Rosen gebettet, obwohl doch meine Zigarette furchtbar hätte riechen müssen.

Unheimlich. Ich sah nach, ob vielleicht ein Kabel angeschmort war und so komisch süßlich roch, aber ich fand nichts, alles war wie immer. Ich lief immer wieder durch die Wohnung, in alle Zimmer, ins Bad, ins Schlafzimmer, ins Fremdenzimmer und ins Büro und überall herrschte der gleiche, intensive Rosenduft. Einfach herrlich.

Wenn es nicht schon so spät gewesen wäre, ich hatte fast 4 Stunden nach Hause gebraucht, weil es auch noch geregnet hatte, hätte ich meine Nachbarn geholt, ob sie das auch rochen. Ich wanderte ständig durch meine Wohnung und schnüffelte an diesem wunderschönen Duft.

Als ich sehr spät ins Bett ging, nahm ich mir vor, mein Geistermädchen am nächsten Morgen anzurufen, was das denn gewesen sein könnte. Ich rief sie schon um 8 Uhr früh an, erwähnte aber nicht meine schwere Heimfahrt, sondern nur den Rosenduft. Und siehe da, ich bekam eine faszinierende Antwort:

»Das ist der Dank Ihres Mannes an Sie, weil Sie eine so schwere Heimfahrt hatten und er sich nur über Ihre Sinne bemerkbar machen kann.« Mich überraschte bald gar nichts mehr.

Von diesem Phänomen des Rosenduftes hörte ich später auch von anderen Leuten, mit denen ich über Esoterik sprach, und auch in anderen Büchern wurde es erwähnt.

Papa und Monika

Nach all diesen Erfahrungen hatte ich den Wunsch, meinen Vater sprechen zu wollen, der aber schon 1944 im Krieg gefallen war.

Ich hatte meinen Vater im Alter von 4 Jahren verloren. Als meine Mutter einen Brief mit der Todesnachricht aus dem Feld bekam, war dies eine sehr schmerzliche Erfahrung gewesen. Plötzlich waren alle Nachbarn zu uns in die Wohnung gekommen und Mutter hatte auf dem Kanapee gelegen und ganz fürchterlich geweint. Mein Bruder und ich, unsere kleine Schwester Monika war erst 3 Monate alt gewesen, waren von unserem Kinderzimmer zu Mutter in die Küche gelaufen und hatten gesehen, dass sie weinte und schrie und einfach nicht zu beruhigen war. Weinend sagte Mama damals zu uns: »Kinder geht wieder in euer Zimmer zurück, es ist nichts.«

Trotzdem bekamen wir das ganze Elend mit, besonders ich als das älteste Kind. Obwohl ich noch nicht viel verstand, ahnte ich, dass etwas ganz Schlimmes passiert sein musste. Ich wusste gleich, dass es mit Papa zu tun hatte, denn ich hatte in der Nacht davor ein komisches Erlebnis, an das ich mich noch heute erinnern kann.

Ich schlief mit Mutter im Ehebett, da Vater nur in den Urlauben bei uns war. Mein Vater hatte Mandoline gespielt, die Mama im Kleiderschrank aufbewahrte. In der Nacht davor hörte ich im Schlaf die Mandoline meines Vaters im Kleiderschrank spielen und wurde wach und sagte dies meiner Mutter, die jedoch nichts hörte. Dieses Erlebnis war so intensiv, dass ich noch heute das Spielen der Mandoline im Kopf habe.

Am Morgen danach, mein kleinerer Bruder stand gerade im Gitterbett, als er plötzlich ausrief: **»Der Papa ist gestorben.«** Dass meine Mutter sehr erschrak, kann man sich vorstellen.

Sie hoffte aber insgeheim auf ›Kindermund.‹ Dann kam der Brief vom Tode meines Vaters. Ich habe ihn heute noch.

Wenn Vater Urlaub hatte und ein paar Tage bei uns sein konnte, durfte ich Mama immer beim Geschirrspülen helfen und abtrocknen.

Ich erinnere mich noch heute an meinen Vater, wie er auf dem Kanapee lag und sich die abgespülten Sachen zeigen ließ, ob alles sauber war und die ich dann abtrocknen durfte.

Ich liebte meinen Papa sehr. Denn er nahm mich oft auf den Arm und trug mich immer gern herum. Es war ein tolles Gefühl.

Für meine Mutter war der Verlust unseres Vaters eine Katastrophe, weil er das letzte Kind, Monika, nicht mehr zu Gesicht bekommen hatte. Monika kam am 7. Juli 1944 auf die Welt und Vater starb am 10. September 1944. Der Krieg war damals noch in vollem Gange und unsere Mama stand mit drei kleinen Kindern da. In der schweren Zeit gab es kaum zu essen, nur die Essensmarken, kaum Geld und meine Eltern waren auch nicht vermögend gewesen.

Zweieinhalb Jahre später kam dann für meine Mutter das nächste Elend. Sie verlor ihr jüngstes Kind durch Diphtherie. Was für ein Leid. Mama und ich besuchten Monika einen Tag vor ihrem Tod noch in der Kinderklinik. Wir durften sie nur vom Gang aus sehen und Monika weinte und schlug ständig ihren Kopf gegen die Gitterstäbe, weil sie keine Luft mehr bekam. Es gab ja keine Medikamente und sie wollte in die Arme von Mama. Grausam.

Ich muss meine Mutter noch heute, nach ihrem Tod, so bewundern, wie sie das alles verkraftete.

Ich vermisste meinen Vater sehr, so wie auch meine Cousine Traudl lebenslang Sehnsucht nach ihrer Mutter hatte. Andere Kinder hatten Väter, ich hatte keinen. Konflikte, die man als heranwachsendes Kind immer mal durchlebte, konnten nur mit Mutter ausgetragen werden, da keiner da war, der trösten konnte. Meine Mutter sagte oft, ich hätte meinen Vater sehr vermisst und enorm darunter gelitten. Mein kleinerer Bruder weniger, weil er sich an Vater nicht mehr erinnern konnte.

Je älter ich wurde, desto mehr beschäftigte mich der Gedanke: »Wie starb mein Vater, musste er viel leiden oder schrie er vor Schmerzen noch stundenlang, bis er endlich sterben durfte?«

Da ich auch Kriegsbücher gelesen hatte, z.B. Remarque ›Im Westen nichts Neues‹ oder ›Kreuze in Karelien‹, ganz schreckliche Kriegsbücher, nistete sich die Sorge seines Sterbens in meinem Gedächtnis ein. Bei solchen Gedanken bekam ich immer Herzweh.

Als meine Mutter ins Seniorenheim umzog, übergab sie mir einen Karton voller Unterlagen.

Darunter fand ich auch seinen Wehrpass und sein Soldbuch. Das Soldbuch hatte mein Vater bei sich in der Brusttasche getragen, als er starb. Es ist an der unteren Seite zerfetzt und man sieht noch die Blutspuren, die heute vergilbt sind. Wie muss sich meine Mutter gefühlt haben, als sie diese Sachen zugeschickt bekam? In diesem Soldbuch war auch ein Foto von uns, Mutter, mein kleinerer Bruder als Baby und ich im Alter von 2 Jahren, das unten auch zerfetzt war und heute noch ist. Schlimm.

Mein Vater war Berufssoldat gewesen und hatte sich für 12 Jahre bei der Wehrmacht verpflichtet.

Aus diesem Büchlein erfuhr ich, dass mein Vater 168 cm groß gewesen war, schwarze Haare und braune Augen gehabt hatte. Sein Gesicht war oval gewesen, seine Schuhlänge 28, Schuhzeugweite 5. Zunächst war er Feldwebel gewesen, später hatte man ihn zum Oberfeldwebel berufen, der die Erkennungsmarke 3/J.R.20 Nr. 168 gehabt hatte. Seine Blutgruppe war -AB- gewesen.

Außerdem enthielt das Buch Aufzeichnungen, wann er verwundet worden war:

8. Dezember 1941
Res. Kriegslazarett Zyrardon

30. Dezember 1941
Lazarett Lähn

29. Januar 1943 bis 16. März 1943
Lazarett Attendorn.

Aus seinem Wehrpass erfuhr ich, wo er gekämpft hatte. Einfach irre.

14.3. - 3.4.1938
Einmarsch Protektorat Böhmen-Mähren

4.10. - 30.10.1938
Einsatz Sudetenland

2.9.1939
Übergang über die Prosna

3.9. - 4.9.1939
Kämpfe bei Sieradz und Warta

9.9. - 13.9.1939
Kämpfe bei Sochaczew Uniojow

14.9.1939
Abwehrkämpfe bei Lowicz

15.9. - 19.9.1939
Angriff und Verfolgung bis zur Weichsel

20.9. - 24.9.1939
Einschließung von Warschau

25.9. - 27.9.1939
Angriff auf Warschau

11.5. - 20.5. 1940
Vormarsch durch Luxemburg, Belgien und Nordfrankreich

21.5. - 8.6. 1940
Abwehrkämpfe an der Aisne und am Ardenne-Kanal

9.6. - 13.6. 1940
Durchbruchsschlacht durch die französische Aisnefront

14.6. -17.6. 1940
Verfolgungskämpfe durch die Champagne und über den Rhein-Marnekanal bis zur Schweizer Grenze
Verfolgungskämpfe beidseits der Chire d' Òr

18.6. - 22.6.1940
Gefecht bei Chiebault und Bourmont

23.6. - 22.9.1940
Sicherung der Demakationslinie.

20.9.42 - 3.2.1943
Gren. Feldausb. Rgt.614 Unterstand im Einsatz Russland Kaukasus.

Und das alles hatte mein Vater überlebt. Unglaublich. Gut. Mein Vater war beim Tross gewesen und nicht an der vordersten Front. Er war Handwerker gewesen und hatte eine Ausbildung als Spengler genossen.

Er hatte nach dem Krieg an die Waffenmeisterschule nach Berlin gewollt und hatte zwischenzeitlich sehr viel lernen müssen, besonders Mathematik. Er sagte auch einmal zu meiner Mutter: »Franzerl, es tät mich schrecklich ärgern, wenn das alles umsonst gewesen wäre.«

Als ich bereits erwachsen war, erfuhr ich von meiner Mutter, warum Papa hatte sterben müssen. Er hatte oft Briefe an sein geliebtes Franzerl geschrieben, die ich noch immer habe.

Darin schrieb er ihr immer wieder, dass sie um ihn keine Angst haben müsse, er sei ganz hinten beim Tross. Er käme ganz sicher aus dem Krieg zurück. Das hätte vielleicht sogar geklappt, wenn nicht das nachstehende Ereignis passiert wäre:

Mein Vater hatte Fronturlaub. Damals waren die Amerikaner auf dem Vormarsch auf Regensburg und bei jedem Bombenangriff mussten wir in den Keller. Im Haus wohnten auch andere Familien mit kleinen Kindern, die bei einem Angriff mit Sack und Pack in den Keller flohen. Ich erinnere mich heute noch an das eiserne, weiße Bettgestell, in dem wir uns immer aufhielten. Oft wurden wir Kleinen aus dem Schlaf gerissen. Das wollte mein Vater uns und der Hausgemeinschaft ersparen und erzählte, dass heute keiner in den Keller müsse, weil die Amis nur über Augsburg fliegen würden. Leider hörte dies auch der Hausherr, ein echter Nazi, und hängte meinen Vater sofort hin, da Schwarzhören bei standrechtlichem Erschießen verboten war. Mein Vater wurde sofort abgeführt und kam in die Kaserne in Regensburg. Zum Glück hatte er einen General als Onkel und wurde nicht sofort erschossen. Dieser schaffte es, dass die Strafe meines Vaters umgewandelt wurde und er ›nur‹ an die Front musste. Als die Amerikaner in Frankreich einfielen, wurde er an die Front in der Normandie abkommandiert und kam zu Tode.

Wie schrecklich, meine arme Mutter. Täglich musste sie diesen Hausherrn sehen, der eigentlich Schuld war, dass Papa hatte sterben müssen und für eine andere Wohnung reichte mit drei kleinen Kindern und ohne Ehemann das Geld nicht. Ihre Seelennot tut mir heute noch nachträglich im Herzen weh.

Ich entschloss mich, auch meinen Vater sprechen zu wollen und machte einen Termin mit meinem Geistermädchen aus. Ich hoffte insgeheim, dass er kommen würde und nicht vielleicht schon in ein anderes Leben gegangen war. Er war ja immerhin schon 65 Jahre tot. Am 20. Mai 2009 fuhr ich zu ihr. Am Hochzeitstag meiner Eltern.

Ich sagte zu ihr, dass ich meinen Vater sprechen wolle, und dass er am 10.9.1944 gestorben sei.

Sie stütze ihren Kopf in die Hände, schloss die Augen und fing zu sprechen an: »Ich sehe einen jungen Mann mit schwarzen, aus der Stirn gekämmten Haaren.« Sie hob den Kopf, sah mir in die Augen und sagte: »Sie waren 4 Jahre alt, als er starb und Sie haben seine rehbraunen Augen. Sie sind ihm sehr ähnlich und haben seinen weichen Kern geerbt.«

Erstaunlich ist diese Aussage deshalb, weil meine Mutter und auch mein Bruder graue Augen haben.

»Er hat Lavendel sehr gemocht.« Komisch, da ich in einer Anlage lebe, die mit sehr viel Lavendel bepflanzt ist.

»Er habe Mama so sehr geliebt. Ich würde sie noch länger haben und mit ihr nicht mehr so viele Sorgen haben. Sie würde 95 Jahre alt werden.«

Auch mein verstorbener Mann hatte so etwas gesagt.

Er hat mir ans Herz gelegt, ich soll gläubig bleiben.

»Er habe mir bei der Geburt meiner Petra die Daumen gehalten.«

Zu diesem Zeitpunkt hatte ich noch nie über meine Tochter gesprochen, geschweige denn ihren Namen erwähnt. Das Medium hat sie erst viel später, 4 Jahre nach dem Tod meines Mannes, kennengelernt.

Er sprach von einem Karl, dass er diesen im Krieg gekannt hatte.

Karl Sauer war der Schwager meiner Schwiegermutter Lina in Franken gewesen und hatte sehr oft seine Kriegserlebnisse erzählt. Er war Kapo in Russland gewesen. Scheinbar hatten sich die beiden von dort gekannt.

Allerdings konnte ich Onkel Karl nicht mehr nach Vater fragen, weil auch er schon verstorben war. Er war auch viel älter als mein Vater gewesen.

Auf meine Frage, wie er denn gestorben sei, erhielt ich folgende Antwort:

»Ich hatte eine Schussverletzung. Ich bin erschossen worden, es traf mich unvorbereitet, ich hatte keinen langen Leidensweg, ich lag auf einmal da und konnte nicht mehr aufstehen.«

Das passte zu seinem Soldbüchlein, das er in der Brusttasche getragen hatte und das unten herum zerfetzt war.

Ich fragte meinen Vater nach meinem Schwesterchen Monika. Er sagte: »Monika sei bei ihm, er habe sie geholt.«

Plötzlich meinte das Medium: »Er sagt immerzu, Sie sollen jemanden von ihm grüßen, gibt es etwa noch einen Bruder?« Ich erwiderte daraufhin erstaunt: »Ja, ich habe einen Bruder.«

Frieda und Maria

Bei einer anderen Sitzung ließ ich auch meine Tante Frieda, die schon vor langer Zeit verstorbene Mutter meiner Cousine Traudl kommen. Sie erzählte mir, dass das Schlimmste an ihrer Krankheit (TBC 1947) gewesen sei, dass sie ihr einziges Kind nicht mehr hatte sehen dürfen. Ich solle ihre Tochter von Mama grüßen.

Als ich meiner Cousine davon erzählte, brach sie in Tränen aus und meinte, das hätte ihr ihre Mutti noch gar nicht erzählt.

Scheinbar kommen so ziemlich alle verstorbenen Verwandten, wenn man mal in so eine Sitzung geht und nicht nur die, die man ruft. Denn Tante Frieda sprach auch von einer Maria, die bei ihr wäre und die mich grüßen lässt. Sie hätte mir früher immer Ziertaschentücher zu Geburtstagen geschenkt.

Das stimmte. Meine Tante Maria aus Furth im Wald hat mir über viele Jahre bestickte Taschentücher zum Geburtstag geschickt. Das war damals als Geschenk üblich und eine kleine Beisteuerung zur Aussteuer.

Ein Jahr nach dem Tod meines Mannes erkrankte ich an beidseitigem Brustkrebs. Ich dachte damals, das sei das Ende und hatte mich schon damit abgefunden und mental darauf vorbereitet. Zu diesem Zeitpunkt wusste ich noch nicht, wie es wirklich um mich stand. Nach der Operation erfuhr ich, dass die Wächterknoten noch nicht befallen seien. Das sagte mir aber zu diesem Zeitpunkt gar nichts. Man teilte mir lediglich mit, dass ich keine Chemotherapie benötigte, sondern nur Bestrahlungen. Trotzdem glaubte ich, bald sterben zu müssen. Ich war ganz verzweifelt und rechnete mit dem Schlimmsten.

Traudl

In dieser Zeit hatte meine Cousine wieder einmal einen Termin wegen ihrer Mutter Frieda.

Ich erinnere mich noch heute, als sie mich noch auf der Rückfahrt von Rosenheim nach München aus dem Auto anrief und mir mitteilte: »Ich soll dich beruhigen, es wird alles gut.«

Zu Hause angekommen rief sie mich an und erzählte mir etwas Seltsames.

Ihre Mutter hatte bei der Sitzung plötzlich immer von einer Rosi gesprochen, diese mache sich so viele Sorgen um ihre Gesundheit. Meine Cousine sagte zu ihr immer wieder, sie kenne keine Rosi und wen sie denn meine. Immer wieder sagte ihre Mutter: »Die Rosi, die Rosi« und Traudl fragte sie: »Meinst du etwa meine Cousine Rosmarie?« Sie antwortete darauf: »Ja, ja, die, die meine ich. Sag ihr, sie solle sich keine Sorgen machen, es käme alles wieder in Ordnung.«

Erstaunlich ist die Bezeichnung meines Namens Rosi deshalb, weil mich alle Menschen aus meinem Umfeld nur unter dem Namen ›Rosi‹ kennen, nur meine Cousine nennt mich Rosmarie.

Nach Feststellung meiner Erkrankung fragte ich einmal bei einer erneuten Sitzung meinen Mann: »Du weißt ja, dass ich Brustkrebs habe, soll ich das Tamoxifen nehmen oder nicht?« und erhielt die Antwort ich solle das Tamoxifen nicht nehmen, ich bräuchte es nicht.

Eigentlich war es üblich, nach Brustkrebsoperationen 5 Jahre lang dieses Medikament zu nehmen. Ich habe es jedoch weggelassen und bin trotzdem wieder gesund geworden.

Bei der Sitzung mit meiner verstorbenen Tochter, auf die ich noch komme, habe ich sie nach meiner verbleibenden Lebenszeit gefragt und erhielt die Antwort, dass ich sehr alt werden würde und der Krebs nicht zurückkäme.

Nach den Sitzungen fragte ich manchmal nach, was mein Mann wohl heute tragen würde.

Einmal hatte er den Hausanzug mit blau abgesetzt im Oberteil und vorne mit Reißverschluss an, weil der so bequem sei. Jenen, den mein Enkel Kai als Andenken an seinen Opa behalten hat.

Beim ersten Mal trug er die Kleidung, die ich den Bestattern mitgegeben hatte. Dunkelblaues Blouson, weißes Hemd mit Schal, was mir das Medium bestätigte, weil sie mich fragte, ob mein Mann Schalträger gewesen sei, und eine blaue Hose.

Sehr merkwürdig. Dies konnte doch außer mir niemand wissen.

Man erfährt so viel Hilfe, wenn man Kummer hat. Als ich nach seinem Tod so viel zu erledigen hatte und ein ganz wichtiges Dokument zu Hause in seinem Büro einfach nicht fand, obwohl ich tagelang danach suchte, bat ich ihn, mir zu helfen: »Lieber Mann, ich weiß, dass du jetzt gottähnlich bist und alles weißt, bitte hilf mir«, griff rückwärts ins Regal mit 20 Ordnern, schnappte mir einen und öffnete ihn mit einer Hand. Plötzlich hatte ich das gesuchte Dokument in der Hand.

Aber es gibt auch die Erfahrung, dass Verstorbene nicht mehr kommen mögen. Ein älteres Ehepaar hat den Sohn durch Krankheit verloren und suchte auch Trost bei diesem Medium. Ihr Sohn wusste, dass sich seine Eltern nie mit seiner Ehefrau vertragen hatten und verlangte zum Abschied, sich mit ihr auszusöhnen. Seine Eltern taten das jedoch nicht. Als sie wieder mit ihrem Sohn sprechen wollten, kam er nicht mehr und das ist bis heute so.

Bergfriedhof und rotieren der Urne

Ein sehr merkwürdiges Phänomen ereignete sich an der Ruhestätte meines Mannes. Im Sommer sah der Friedhof wie ein Laubwald aus. Über seiner Urne, er war in einem Urnenturm bestattet, rauschte ein Baum den ganzen Sommer über gewaltig, wenn ich da war. Ich bemerkte dies zwar, dachte mir aber vorerst nichts dabei und vermutete, da wäre wohl eine Schneise, in die der Wind hineinfuhr. Ich schaute oft nach oben und dachte mir, wieso die ganzen Bäume auf diesem Friedhof still wären und nur über mir die Blätter rauschten.

Als dies den ganzen Sommer über so ging, holte ich mir ein paar Leute und bat diese, acht zu geben und mich nicht für verrückt zu halten.

Und tatsächlich rauschte es nur über uns, der ganze Friedhof mit den vielen anderen Bäumen war still. Ich sagte zu meinen Besuchern: »Schaut einmal, was wird, wenn wir von der Urne hier weggehen.« Und siehe da, als wir zum Ausgang, eine ganze Strecke weiter weg gingen, war der Baum wieder ruhig. Es rührte sich nichts mehr, kein Blatt bewegte sich, das gesamte Areal war windstill.

Manchmal fragte ich mich, ob er sich wohl freute, weil ich da war? Da musste ich wohl auch mal nachfragen.

Zwei Jahre nach dem Tod meines Mannes hatte ich aufgrund meines Autounfalls wieder einmal einen Termin, weil ich weder ein- noch aus wusste und erhielt Ratschläge und Trost. Als ich zurück in Regensburg war, fuhr ich zum Bergfriedhof, um mich bei ihm zu bedanken. Ich lief zu seiner Urne, bedankte mich bei ihm für so viel Trost und Hilfe, legte zum Abschied meine Hand auf seinen Schriftzug ›Herbert‹, als es plötzlich dahinter zu brummen anfing. Ich erschrak furchtbar, konnte einfach nicht glauben, was ich da fühlte, riss meine Hand von der Platte weg und sagte laut: »Herbert, bist du denn wirklich da?« Ich sah mich um, ob irgendein Geräusch auf dem Friedhof dieses Vibrieren hätte verursachen können. Es war aber alles still.

Dann legte ich meine Hand erneut auf den Schriftzug und es begann wieder hinter der Marmorplatte zu brummen oder zu rotieren. Daraufhin sagte ich zu ihm: »Danke Dir von ganzem Herzen, dass du da bist und ich heute bei dem Medium mit Dir sprechen konnte.« Ich war so unsagbar glücklich, dass er sich auf diese Weise bemerkbar gemacht hatte, und erzählte meiner Tochter davon. Die war jedoch sehr skeptisch und meinte: **»Mutter, jetzt hast endgültig einen Schuss weg.«**

Ich verständigte mich mit meiner Cousine Traudl, die mir dann erzählte, dass sie auch das gleiche Phänomen erlebt hätte, als sie ihren Papa fragte, ob er glücklich sei, dass sie die Inschrift seiner Frau Frieda, ihrer Mutter, hatte mit eingravieren lassen. Sie tröstete mich, dass ich nicht verrückt sei und meinte, so etwas könne man Außenstehenden gar nicht erzählen. Sie war überzeugt, würde man einmal nachsehen, die

Urnen würden sicher nicht mehr an dem Platz stehen, an dem man sie bei der Trauerfeier hingestellt hatte.

Ich sprach mit vielen Menschen in meinem Bekanntenkreis über meine Erlebnisse. Manche taten diese als Unsinn, Blödsinn, usw. ab. Leider wird mit den Ängsten der Menschen so viel Unfug und auch Betrug betrieben, dass man sich schon fragen muss, wo die Wahrheit liegt. Aber die kann jeder für sich selbst herausfinden, so, wie ich es auch getan habe.

Christiane

Ich kannte schon lange Zeit ein Ehepaar. Als ich erfuhr, dass die Ehefrau verstorben war und ihr Mann sich sehr grämte, erzählte ich ihm von meinen Erfahrungen und empfahl ihm, es doch auch zu versuchen. Er tat aber vorerst alles als ›**Schmarrn**‹ ab.

Doch nach einiger Zeit, er litt wohl sehr unter dem Verlust seiner Frau, teilte er mir mit, dass er es nun auch versuchen wollte, vielleicht sei doch etwas dran an meiner Jenseitstheorie. Ich tröstete ihn und versprach, ihn auf der Fahrt zu begleiten.

Er besaß ein ganz kleines, hochmodernes Aufnahmegerät. Er meinte, das nähme er mit und ließe es heimlich mitlaufen, um einen Beweis für einen möglichen Schwindel zu haben. Ich warnte ihn, dass er lieber um eine Genehmigung bitten sollte.

Eigensinnig bestand er darauf, dieses Ding versteckt in seiner Brusttasche mitlaufen zu lassen.

Seine verstorbene Frau kannte ich auch gut, ein blonder und ganz lieber Mensch.

Also gab ich ihm die Telefonnummer des Mediums und er bekam einen Termin, zu dem ich ihn begleitete.

Ich wartete draußen auf dem Parkplatz und hatte große Sorge. Wenn es nämlich nicht funktionierte und er unverrichteter Dinge gehen musste, stand ich natürlich furchtbar blöd da.

Ich blieb im Auto sitzen und wartete ab. Als er nach 10 Minuten immer noch nicht da war, war ich beruhigt und dachte: »Es funktioniert doch.«

Nach fast eineinhalb Stunden kam er endlich zum Auto zurück. Ich sah ihn schon von weitem kommen und bemerkte, wie er immer wieder fassungslos seinen Kopf schüttelte. Als erstes erzählte er: »Stell dir vor, das Tonband ist von selbst ausgegangen, es ist nichts drauf, obwohl man das Gerät nur mit zwei Fingern ausschalten kann.« Er war mehr als erstaunt.

Dann begann er auf der Heimfahrt zu erzählen:

»Als sich die Tür öffnete und diese Frau mich begrüßte, sagte sie: ›Ihre Frau ist schon seit einer Woche in meiner Küche und freut sich so auf Sie.‹ Wir gingen ins Untergeschoß, sie zündete eine Kerze an, beschrieb meine Frau und fing sofort an zu reden:

›Ja, du Hoderlump, du host mi ja sauber ausgschmiert.‹«

Er sagte mir, dass diesen Ausdruck nur seine Frau wissen konnte, da sie ihm früher immer an den Kopf geworfen hatte, er würde sie betrügen, was auch stimmte. Er war in jungen Jahren Mitglied einer Band gewesen, hatte recht gut ausgesehen und hatte schon so einige Affären gehabt.

Sie erzählte weiter: »Ich bin sehr oft bei dir zu Hause zum Fernsehen, ich weiß auch, dass du immer noch meinen Platz für mich freihältst, als wäre ich noch immer da.«

Ich wusste von ihm, dass er sich seit dem Tod seiner Frau niemals mehr auf ihren Platz auf dem Sofa gesetzt hatte.

Sie schimpfte nun weiter: »Du weißt doch, dass ich keine Spinnen und Spinnweben in unserer Wohnung mag, mach sie alle weg.«

Die beiden hatten eine Altbauwohnung im Herzen Regensburgs mit hohen Decken bewohnt. Dass Spinnen und Spinnweben einen alleinstehenden Mann gar nicht interessierten, kann man wohl gut nachvollziehen.

Auf der Heimfahrt war er mehr als unglücklich, weinte sehr und meinte zu mir: »Wenn ich gewusst hätte, dass mein Fremdgehen meiner Christiane so wehgetan hat, hätte ich sie nie betrogen.«

Er hat aber auch viel Tröstliches erfahren.

Petra

Meine Tochter Petra musste unsere Welt am 16.9.2015 verlassen. Sie hatte nicht nur wegen ihrer Krebserkrankung einen sehr leidvollen Lebensweg.

Bei der Trauerfeier habe ich etwas von Petra vorgetragen, das ich nach ihrem Tod auf Facebook fand und das sie vier Wochen vor ihrem Sterben an ihre Freunde geschrieben hatte:

»Hätte ich mich in meinem Leben so geliebt, wie ich dachte, jemand anderen lieben zu müssen, mit ständiger Selbstaufgabe und irgendeinem dämlichen Hirngespinst von ›Liebe‹, dann ginge es mir heute sicher besser und ich wäre nicht so krank geworden.«

»Hätte ich mich selbst mehr erkannt, was ich bin, wer ich bin, was ich kann, hätte ich mich nicht so krankhaft irgendwo spiegeln müssen. Es wäre so viel einfacher gewesen. Aber wie viele habe ich zu viel Wert auf das gelegt, was andere sagen und mich bewertet haben, auch Menschen, die mich angeblich geliebt haben. Liebe hat mich desillusioniert und geschwächt. Der ewige Wunsch, geliebt zu werden – was für ein Elend. Aber traurige Kinder sind eben nur auf dieser Suche.« *(Wegen ihres Vaters)*

»Wahre Liebe ist selbstlos und als Mutter erfährt man diese Liebe, die man gibt und von seinen Kindern auch empfängt. Später schlägt es eher in Egoismus um.«

»Selbstlose Liebe von einem Partner habe ich früher mir gegenüber nie erfahren und nur Egoisten und seelische Ausbeuter gekannt. Alle dachten nur an sich und nahmen vom anderen, was er braucht.«
»Aber ich glaube, es ist nicht nur bei mir so gewesen. Was ich jetzt erkannt habe, was ich nun weiß, da kann ich oft nur noch staunend die Menschen und ihre Beziehungen beobachten und sehe fast überall die gleichen Muster.«
»Es ist traurig, ob gesund oder krank.«

»Ich bin heute seelisch etwas angeknackst, aber man macht sich so seine Gedanken über die große Macht im Leben, die scheinbar jeder krampfhaft sucht.«

»Ich nicht mehr. Ich bin nur noch bei mir zu Hause in mir, mit mir und ich wünschte – wir hätten uns schon viel eher lieben gelernt – ich und ich.«

Nach meiner Scheidung, Petra war damals sieben Jahre alt, kümmerte sich ihr leiblicher Vater sehr um sie und holte sie fast jedes Wochenende ab, nahm sie mit in seinen Urlaub an das Meer, in die Berge, unternahm sehr viel mit ihr. Als er jedoch drei Jahre später eine neue Frau kennenlernte, war Petra abgeschrieben und das Kind litt sehr darunter. Manchmal sagte Petra traurig zu mir: »Der Papa hat ja jetzt eine neue Frau und hat keine Zeit mehr für mich.«

Als dann ihr Halbbruder auf die Welt kam, war es ganz aus. Die viel jüngere Frau, sie war ja nur 10 Jahre älter als Petra, wollte von dem früheren Leben ihres Mannes gar nichts wissen und blockte alle Versuche von Petra, ihren Vater zu sehen, ab. Dazu kam ein strenger Stiefvater, der gar nicht fähig war, sie zu trösten. Ich selbst tat, was ich konnte, um ihr den Verlust zu erleichtern. Es half aber nichts und mein Kind wurde immer störrischer, weshalb es immer Streit gab.

Trotzdem entwickelte sich mein Kind prächtig. Wir ermöglichten ihr eine gute und teuere Ausbildung zur Krankengymnastin und Physiotherapeutin. Sie hatte ungemeines Glück, da sie sehr tüchtig war, und baute die Therapiestation in Bad Gögging mit auf, später arbeitete sie in einer Berufsfortbildungsschule als Dozentin. Bis zur Trennung von ihrem Mann verlief ihr Leben in geordneten Bahnen.

Beruflich lief es wunderbar, aber nicht danach mit ihren Männergeschichten. Auf ihrer Suche nach der verlorenen Liebe ihres Vaters suchte sie immer nach einem Wohlfühlmann. Den fand sie zwar oft aber verlor ihn auch wieder, wenn ihre Anfangseuphorie verflogen war. Die letzten 20 Jahre ihres Lebens waren eine Katastrophe. Immer wieder stürzte sie sich in eine neue Verbindung und erfuhr wieder aufs Neue nur Enttäuschung, weil sie nicht fähig war, Kompromisse einzugehen. In Konfliktsituationen verfiel sie manchmal in Wutausbrüche, die erschreckend waren. Entweder war er ein Trinker, den sie liebte, oder zu dominant, was für so einen Trotzkopf erst recht nicht geeignet war oder er war so arm, dass sie ihr kleines, aber doch luxuriöses Leben, das sie von uns kannte, nicht leben konnte. Mit der Zeit schämte sie sich vor uns, dass sie in ihrem Privatleben einfach nichts auf die Reihe brachte, mit Geld nicht umgehen konnte und sich immer mehr verschuldete. Obwohl sie durch ihre künstlerische Begabung, nebenberuflich Babypuppen zu modellieren, sehr viel Geld verdiente. Später kam dann dazu, dass sie beruflich immer öfter Nervenzusammenbrüche erlitt, weil sie das Pensum einfach nicht mehr bewältigte.

Sie war mit ihren Erfolgen immer nur kurzfristig glücklich aber nie zufrieden. Sie hatte in ihrem Leben so viel erreicht, war so begabt und hat es nicht geschafft, mit dem Erreichten zufrieden und glücklich zu sein und auch mit dem vielen Geld vernünftig umzugehen. Obendrein war sie aber auch noch eine wunderschöne Frau. Gefiel sich aber selber nicht.

Irgendwann erfuhr ich, dass sie aufgrund von Depressionen in psychotherapeutischer Behandlung war und ohne Tabletten gar nicht mehr leben konnte. Teilweise verfiel sie in eine Fresssucht, dass mir Himmelangst wurde. Dann aber malträtierte sie ihren Körper, um wieder zu einer guten Figur zu finden. Ein ständiges Auf und Ab. Durch ihre Depressionen war sie nicht achtsam genug mit ihrem Körper umgegangen und bemerkte deshalb keine Veränderung. Obwohl sie durch mich eigentlich gewarnt worden war, da ich Brustkrebs hatte, der aber so früh bemerkt worden war, dass ich überleben konnte.

Dann kam auch bei ihr der Brustkrebs. Nach der Feststellung durch eine Biopsie und einem Komplettcheck ihres Körpers fand man dann auch noch einen Tumor in der Leber. Ich sehe sie immer noch, wie sie mir im Krankenhaus nach der Diagnose weinend in die Arme fiel und sagte: **»Mama, wirst sehen, ich sterbe noch vor dir.«** Sie hatte das Pech, den schnellsten und aggressivsten Zellteiler zu haben und sie und ich wussten von vorneherein, dass dies ein Todesurteil war.

Nach ihrer Operation im Klinikum in Straubing nahm sie mich zu einem sehr alten Friedhof mit, der sich ganz in der Nähe des Krankenhauses befindet. Sie zeigte mir die alten Gräber mit den Aufschriften aus dem Siebzehnten Jahrhundert, manche waren sogar schon eingefallen und schief, und sagte zu mir: **»Mama, ich bin eine sehr, sehr alte Seele.«**

Zwei Jahre und vier Monate kämpfte sie, verlor ihre wunderschönen, dichten, langen Haare, musste 43 Chemos über sich ergehen lassen, bis es einfach nicht mehr ging. Ihr Körper streikte. Nach einer unendlich leidvollen Zeit starb sie am 16.9.2015 friedlich auf der Palliativstation.

Am 2. Mai 2016 fuhr ich zu meinem Geistermädchen, um mein Kind zu sprechen.

Sie bat mich, wie üblich, in ihr Büro und teilte mir mit, sie habe schon heute früh meine Tochter kommen lassen und diese hätte ihr die ganze leidvolle Geschichte mit ihrem Vater erzählt, und dass dieser Verlust ihr ganzes Leben bestimmt hätte, sie in Depressionen verfallen sei und ihr Leben einfach nicht auf die Reihe gebracht hätte. Sie hätte auch von den Schulden gesprochen, die sie mir hinterlassen hatte und dies täte ihr so leid.

Ich war so erstaunt, denn das alles konnte die Frau nicht wissen. Sie fragte mich sogar, ob meine Tochter schon einmal bei ihr gewesen sei. Ich sagte ihr, dass sie bei einer Sitzung wegen meiner verstorbenen Mutter vor fünf Jahren dabei gewesen sei, aber sie konnte sich an meine Tochter nicht mehr erinnern. Damals wurde gar nicht über ihr Leben gesprochen, außer über die Abtreibung, ihre Psyche und ihrer damaligen Partnerschaft.

Dann sprach Petra: »Das war nicht dein letztes Buch.«

Sie schimpfte mich, dass ich so wenig essen würde. Ich bestätigte dies dem Medium, dass ich seit dem Tod meiner Tochter kaum noch Lust hätte, etwas zu essen. Ich musste mich immer noch dazu zwingen.

Petra erzählte, dass ich bei ihrem Sterben dabei gewesen war. Sie habe mitbekommen, dass eine Schwester mit einer großen Spritze gekommen sei und sie daraufhin friedlich und ohne Schmerzen eingeschlafen sei. Während dieses Prozesses, er dauerte 3 ½ Stunden, habe ich ihre Wange gestreichelt und gefragt: »Weißt du, dass ich, deine Mami, bei dir bin?« Und sie sagte, während sie eigentlich schon im Koma lag: »Ja, ich weiß.« Das waren ihre letzten Worte. Als sie den letzten Atemzug tat, legte ich mein Gesicht an ihres und sagte zu ihr: »Sei nicht traurig, mein Kleines, ich komme ja auch bald.«

Sie erzählte weiter, sie sei auf einmal in einer ganz anderen Welt und Oma und Herbert wären bei ihr und ihr ginge es jetzt da drüben viel, viel besser, als auf der Erde.

Nach ihrem letzten Atemzug fotografierte ich mein Kind für meine Trauerbewältigung. Ich fragte sie, ob sie mir deshalb böse sei und sie sagte: »Nein, Mama, aber ich habe mir nicht gefallen.«

Das Medium sagte mir dazu, dass sie wohl etwas aufgequollen aussah, was auch stimmte, zwar immer noch schön, aber etwas voller, was durch das Wasser hervorgerufen wurde, das in ihrem Körper nicht mehr abfließen konnte.

Ich fragte meine Tochter, wie hoch die Steuerschulden sein würden, die sie mir hinterlassen hatte, weil ich für sie für ihr Puppengeschäft als Zwischenhändler fungierte, was ja auch legal war, jedoch die Steuererklärung noch beim Finanzamt war und ich die Höhe deshalb noch nicht wusste. Durch ihre Krankheit hatte sie ihren Beruf nicht mehr ausüben können und erhielt nur eine kleine Rente, die nie und nimmer zum Leben reichte. Sie hatte mit mir ausgemacht, für die Steuer extra etwas aufs Konto zu legen, da ich dafür gerade stehen musste. Aber sie brauchte das eingehende Geld und es blieb für die Steuer gar nichts übrig.

Sie sagte: **»Mit dem Geld, das du bekommen hast, kannst du ja jetzt die Steuer bezahlen, es wird reichen.«**

Erstaunlich war dies deshalb, weil ich zwei Monate zuvor eine Sterbeversicherung meiner Mutter erhalten hatte, von der ich nichts gewusst hatte. Es meldete sich fünf Jahre nach dem Tod meiner Mutter, sie wäre zwischenzeitlich schon Hundert Jahre alt, auf einmal eine Versicherung und zahlte mir, weil ich als Erbe eingesetzt war, mehrere tausend Euro aus. Weder mein Bruder, noch ich wussten von so einer Versicherung. Zuvor hatte ich große Sorge gehabt, wie ich das alles bezahlen sollte, ich besitze kein Vermögen und befürchtete, dass ich die Steuerschuld so lange abbezahlen musste, bis ich selbst ins Grab sinke.

Drei Wochen nach dieser Sitzung erfuhr ich die Höhe der Nachzahlung an das Finanzamt und siehe da, der Geldbetrag der Sterbeversicherung meiner Mutter deckte sich fast genau mit dem zu zahlenden Betrag.

Das Medium erzählte mir, dass meine Tochter ab und zu bei mir vorbeischaute. Das könnte stimmen, weil ich ihren Hund behalten habe und der es scheinbar bemerkt, wenn sie da ist.

Meine Tochter hatte mir nach Feststellung ihrer Krankheit einen neuen Hund zu meiner Lilli dazu gekauft und sich selbst auch einen, denn Lilli war schon so krank, dass es absehbar war, dass ich sie verlieren würde. Sie wollte nicht, dass ich dann ganz alleine war. Als sie starb, habe ich zusätzlich zu meinen beiden Hündchen ihren Hund behalten. Scheinbar haben Hunde ganz andere Sensoren und können Verstorbene wahrnehmen. Und meine Lilli hat sich, seit ich die anderen beiden dazu habe, so gut erholt, dass sie mittlerweile schon fast 16 Jahre alt ist. Nun habe ich drei Hündchen und mein Leben ist dadurch mehr als ausgefüllt.

Sie wisse, dass ich nicht geweint habe, als sie starb.

Ist ja auch klar, nach fast zweieinhalb Jahren des Mitleidens hat man keine Tränen mehr.

Aber sie sagte auch noch etwas sehr Trauriges: **»Ich weiß, dass du froh bist, dass ich gestorben bin.«**

Das stimmte. Als ich sie dann mit ihrer Krankheit so leiden sah und mir klar wurde, wie leidvoll ihr Lebensweg bis dahin gewesen war, befiel mich öfters der Gedanke, dass es für sie besser wäre, wenn sie gehen dürfte, weil ihr Leben sicher so weitergehen würde, bis sie alt wird.

Da bin ich aber schon erschrocken und es beschäftigt mich immer noch. Woher wusste sie von meinen Gedanken?

Erst kürzlich habe ich, also nach ihrem Tod, einen Bericht gelesen, mit dem Titel:

›Chaos im Kopf‹

Der beschreibt, dass sich ADHS - Aufmerksamkeits-Defizit-Hyperaktivitäts-Störung bei Kindern nicht automatisch mit dem Älterwerden legt, sondern das ganze Leben bestimmen kann.

Sie haben mit Problemen im Job und in der Partnerschaft zu kämpfen. Beziehungen scheitern an Gefühlsausbrüchen, am Arbeitsplatz gibt es Ärger, weil Projekte nicht fertig werden. Außerdem haben sie auch ein höheres Risiko für Suchterkrankungen. Viele verschulden sich, weil sie nicht in der Lage sind, einen Überblick über ihre Finanzen zu behalten.

In der Forschung weiß man bereits, dass es zu Abweichungen bei der Informationsverarbeitung im Frontalgehirn kommt, das zuständig für die Verhaltensregelung, für Entscheidungen und die Auswertung von Erfahrungen ist. Der ADHS-Betroffene ist nicht in der Lage, die Fülle der Informationen sinnvoll zu sortieren und zu nutzen. Wie stark sich das im Alltag auswirkt, hängt auch davon ab, wie strukturiert das Leben abläuft. Stress, emotionale Belastungen oder schwierige Familienverhältnisse können ADHS Symptome verstärken. Es sind meistens sogar sehr intelligente und sehr kreative Menschen, weil sie ständig neue Ideen entwickeln. Sie verfallen aber oft in Depressionen, weil sie nichts auf die Reihe bringen.

Wenn nicht ein ganz stabiles Umfeld und psychologische Hilfe vorhanden sind, gehen solche Menschen einen sehr leidvollen Weg. Und das ihr Leben lang.

In den sechziger Jahren, meine Tochter wurde 1964 geboren, kannte man dieses Erscheinungsbild noch nicht.

Scheinbar habe ich dies aber schon früher erkannt, als sie mir mal sagte: »Mutti, für das, was du an einem halben Tag schaffst, brauche ich ein ganzes Wochenende.« Mein armes Kind.

Bemerkenswert ist eine Aussage meines Geistermädchens über meine Tochter bei der Sitzung mit meiner Mutter vor fünf Jahren, als sie sie wegen ihrer Depressionen ansprach: Ihr fehle ein Botenstoff im Gehirn und sie dürfe ihre Tabletten niemals absetzen. Woher wusste mein Geistermädchen das damals schon?

Sie erzählte weiter, dass der Krebs bei mir nicht zurückkommen und ich sehr alt werden würde.

Das Medium sagte: »Sie denken wohl immer an Ihre Tochter und sprechen mit ihr, wohl jeden Tag?« Ich antwortete ihr, dass das stimmen würde. Ich habe sogar ein Altärchen hergerichtet, mit zwei von ihr geschaffenen Babypuppen, und zünde ihr jeden Abend eine Kerze an.

Petras Vater verstarb am Tag ihrer Beisetzung. Drei Wochen davor besuchte ich ihn im Krankenhaus, ich wusste, dass sein Gesundheitszustand schon sehr schlecht war und sagte zu ihm beim Abschied: »Wahrscheinlich werden du und unsere Tochter zur gleichen Zeit sterben.«

Noch heute frage ich mich, woher ich diese Ahnung hatte, denn Petras Zustand verschlechterte sich erst die letzten Tage vor ihrem Tod so extrem. Zuvor war es ihr noch recht gut gegangen, sie hatte sogar noch selbstständig in ihrer Wohnung leben können.

Plötzlich sagte sie: »Ihr erster Mann hat aber gar nicht zu Ihnen gepasst.« Sie meinte Petras Vater und beschrieb ihn mir.

Das stimmte wohl, wir waren sehr konträr, in jeder Hinsicht. Ich antwortete verdutzt: »Ist der etwa auch da?« »Ja, der ist hier bei mir.«

Ich fragte mein Kind, manchmal fragt man gerne auch nach so profanen Sachen, was ich mit meinen Haaren machen solle, sie würden so viel Arbeit machen, ob sie eine andere Frisur wüsste, weil sie mich früher immer beraten hat und sie sagte: »Lass es so, mach dir lieber die Mühe, dir könnte es sowieso kein Friseur richtig machen.« Da hatte sie recht, ich bin seit 30 Jahren bei keinem Friseur mehr gewesen.

Petra erzählte mir auch, dass sie das Hobby, Babypuppen zu fertigen, das Leben gekostet hätte. Die Modelliermasse enthält Giftstoffe und der Umgang damit darf nur mit Gummihandschuhen und Mundschutz geschehen. Daran hat sie sich nie gehalten, wegen des Gefühls ihrer Finger beim Modellieren. Sie bezog eine Modelliermasse aus Amerika, weil diese sich am besten bearbeiten ließ.

Mein Medium erzählte, dass fünf Hunde bei ihr wären. Was für eine Freude. Es handelt sich um ihre Dogge Asta, die sie im jungen Alter von 21 Jahren gekauft hatte und die 8 Jahre alt wurde.

Der zweite Hund war ein weißer kleiner Mischling, Teddy, die Miniausgabe eines Hirtenhundes gewesen, den sie mit 29 Jahren auf dem Donaumarkt in Regensburg als kleines weißes Bündel für 30.- DM gekauft hatte. Er wurde 14 Jahre alt.

Ein kleiner Chihuahua namens Gismo war der dritte Hund, der von einer Boxerhündin tot gebissen wurde. Damals ein Riesendrama. Nach diesem Fiasko begann sie eine Chihuahuazucht.

Deshalb war der vierte Hund, der auch bei ihr war, die Gina, ihr erstes Zuchtweibchen, das mir Petra nach zweimaligem Werfen gegeben hatte und das bei mir 6 Jahre alt wurde. Sie starb 2005 bei einer Operation. Jene Gina, von der auch mein Mann gesprochen hatte.

Nach dem Tode von Gina erhielt ich von ihr das Zuchtweibchen Kuki, den fünften Hund, der jetzt auch bei ihr war und der 2010 an einem Virus starb. Jenes schwarze Chihuahua Mädchen mit weißen Pfoten, das meiner Mutter im Heim immer auf den Schoß gesprungen war.

Wie selig musste sie sein, wenn all unsere verstorbenen Hunde bei ihr sein konnten. Sie war äußerst tierlieb gewesen.

Petra bedankte sich zum Abschied für alles, was ich für sie getan hatte und dass ich beim Sterben bei ihr gewesen war.

Als sie nämlich nicht mehr im Krankenhaus bleiben durfte, weil sie so unruhig und teilweise auch sehr böse wurde, wurde sie regelrecht auf eine Palliativstation abgeschoben.

Das passte ihr gar nicht, weil sie im Krankenhaus (Geburtenstation und Gynäkologie) sehr glücklich gewesen war, trotz des Wassers, das sich in ihrem Körper ausbreitete und der Schmerzen. 55 Kilo hatte sie im Normalzustand gewogen und zu diesem Zeitpunkt hatte sie 85 Kilo. Schrecklich. Nach Ankunft auf dieser Sterbestation suchte ich sofort den Chefarzt auf und teilte ihm meine Besorgnis mit, dass meine Tochter nun hierher verlegt wurde und es ihr so schlecht ging. Ich wisse, dass Morphium im Endstadium alleine nicht ausreicht und bat, ihr zusätzlich zum Einschlafen Valium zu geben, damit dieses Elend aufhören würde. Er sagte, dass er sich meine Tochter ansehen werde und dann entscheiden würde, was gemacht werden könne. Fast eine Dreiviertelstunde sprach der Arzt mit meiner Petra und sah sich ihren Zustand an. Ich erwähnte auch, dass eine Patientenverfügung vorhanden sei und diese zusätzliche Valiumgabe ihr letzter Wunsch sei.

Daraufhin kam bald eine Schwester mit einer großen Spritze und sagte zu ihr: »Frau Lechner, jetzt werden wir erst einmal ein wenig schlafen und uns erholen.« Daraufhin ist sie friedlich und ohne Schmerzen nach 3 1/2 Stunden eingeschlafen.

Anschließend fragte ich dann noch meinen Mann Herbert, ob er das mit dem Blätterrauschen und dem Rotieren seiner Urne auf dem Friedhof gewesen sei. Er bestätigte dies.

Auch mein Medium wusste, dass es diese Phänomene gibt und dass auch andere Menschen so etwas schon erlebt haben.

Mein Auto

Vor einiger Zeit passierte wieder einmal etwas mehr als Erstaunliches: Seit 2 Jahren ärgerte ich mich über

Dellen an dem schönen Coupe meines Mannes, die dem Wagen beim Einkaufen von Fremden auf den jeweiligen Parkplätzen mit Einkaufswagen zugefügt worden waren, natürlich mit Fahrerflucht. Mein Mann war mit seinen Autos sehr pingelig gewesen. Ich aber konnte diese Schäden nicht reparieren lassen, weil mir das Geld dazu fehlte. Ich bat ihn oft, mir doch jemanden hineinfahren zu lassen.

An seinem neunten Todestag, dem 4. Juli 2016, fuhr ich zum Bergfriedhof, um ihm bei Blumen Weis Rosen zu kaufen und parkte gegenüber von diesem Geschäft. Als ich zum Auto zurückkam, war die ganze Breitseite der Fahrertüre eingedrückt, ausgerechnet diese Seite, und nur die, die schon so sehr von fremden Autos zusammengeschrappt worden war. Ein netter Herr wartete auf mich und entschuldigte sich, dass er das gewesen sei. Mit der Regelung über seine Versicherung kam ich nun wieder zu einem sauber reparierten Wagen.

Nach der Abwicklung mit Schuldanerkenntnis des Verursachers fuhr ich sofort zur Urne meines Mannes, dekorierte sie mit den Rosen, bedankte mich freudig und sagte zu ihm: »Herbert, das hast du gut gemacht.«

Scheinbar sind meine lieben Verstorbenen auch meine Schutzhelfer, bzw. Schutzengel. Denn auch meine Mutter hatte mir 5 Jahre nach ihrem Tod für Petras Schulden eine Sterbeversicherung geschickt, die von mir nie abgerufen worden wäre, weil ich keine Unterlagen darüber gefunden hatte. Ausgerechnet zu einer Zeit, in der ich das Geld am nötigsten brauchte.

Parallelwelt

Nach diesen Ereignissen frage ich mich, ob unsere Welt mit dieser anderen Parallelwelt nicht doch irgendwie verwoben ist. Ich denke oft, dies alles hört sich an, als gäbe es noch eine andere Welt, zwar eine geistige, aber eben eine andere Welt. Und das ist bald nicht mehr als nur eine Glaubensfrage.

Ein Nahtodpatient erzählte einmal, als er wieder zurückgeholt wurde, habe er auf einmal alles verstanden, warum alles so sei und was und warum vieles so geschieht. Er konnte es aber nicht erklären. Er habe nur erlebt, dass er nun alles wüsste und alles verstanden hätte, als er vorübergehend in dieser anderen Welt war.

Wir Menschen sind in der Physik, bzw. Grundlagenforschung einfach noch nicht so weit.

Bemerkenswert war eine Fernsehsendung vor einiger Zeit, in der behauptet wurde, in 320 Jahren würden die Menschen ›beamen‹ können, das heißt sie wären in der Lage, Materie in Antimaterie umzuwandeln und umgekehrt.

Quantenphysik

Erste Teleportation zwischen Licht und Materie. (Spiegel-Online-Wissenschaft)

Das ›Beamen‹ von Menschen auf fremde Planeten bleibt zwar Science-Fiction-Fantasie, doch ein neues Experiment lässt zumindest Verschlüsselungs-Experten hoffen: Erstmals ist es Forschern gelungen, Eigenschaften von Atomen mit denen eines Lichtstrahls zu verschränken und sie so zu ›Teleportieren‹.

Albert Einstein hat von einer ›spukhaften Fernwirkung‹ gesprochen. Ihm selbst war die ganze neue Mode, die sein Physikerkollege Max Plank mit dem unvorsichtigen Gerede vom Quantum losgetreten hatte, suspekt.

Wenigstens ist das auch für Laien leicht nachvollziehbar: Quantenphysik liegt im großen Spektrum der Naturwissenschaften nicht eben auf der Seite des Gegenständlichen.

Am besten ist es, man vergisst alle Vorstellungen aus der bekannten Welt und akzeptiert bereitwillig die vertrackten Grundannahmen, die in der Quantenwelt nun einmal gelten.

Dazu gehört auch die Verschränkung: Die Eigenschaften zweier Teilchen bleiben voneinander unabhängig, auch wenn die beiden Partner sich an völlig unterschiedlichen Orten befinden. Ändert man die Eigenschaft bei einem von ihnen, ändert sie sich auch beim anderen. Ebenso seltsam mutet an, dass man Quantenzustände nicht messen kann, ohne sie damit zu manipulieren. Ein Paradox: »Ohne Messung kein Wissen über den Zustand, nach der Messung kein Zustand ohne Veränderung.«

Diese Phänomene, die gemessen an der Erfahrung aus der Alltagswelt wahlweise an Zirkusexperimente oder Esoterik erinnern mögen, haben Wissenschaftler bereits anhand von Lichtteilchen vorgeführt. Der Österreicher Anton Zeilinger etwa hatte Lichtteilchen auf unterschiedlichsten Seiten der Donau miteinander verschränkt. Sein Beitrag in der Wissenschaftszeitschrift ›Nature‹ aus dem Jahr 1997 landete prompt auf der Top 10 Liste der am häufigsten zitierten wissenschaftlichen Aufsätze des Jahres 1998 (nach Zählweise des ISI Web of Science), der des populären Physikstücks lautet: ›Experiental Quantum Teleportation.‹

Dänische Forscher verschränkten Materie und Licht.

Erstmals ist Wissenschaftlern die Quanten - Teleportation zwischen Licht und Materie gelungen, konkret zwischen einem Laserstrahl und einem kleinen Häufchen Gasatomen.

Der Zustand zwischen diesen beiden Medien sei erfolgreich ohne physischen Kontakt über eine Strecke von 50 Zentimetern verschränkt worden, schreibt eine Forschergruppe um Eugene Polzik vom Niels-Bohr-Institut der Universität Kopenhagen in einem ›Nature‹ Beitrag.

Wie man sieht, sind wir Menschen in der Forschung erst am Anfang und können uns vieles noch nicht erklären.

Der oben stehende Bericht über ›Quantenphysik‹ stammt aus dem Jahr 1998. Mittlerweile sind die Physiker und Astrophysiker in der Forschung bereits viel weiter. Da wir in unserer Welt nur die Dreidimensionalität kennen, sind die Physiker längst davon überzeugt, dass es 6 Dimensionen gibt. Und wahrscheinlich auch noch vier weitere.

In der Physik wurde lange behauptet, es gäbe keinen Gott und die Entwicklung des Universums wäre, laut Stephen Hawking, nur Zufall. Diese Ansicht hat sich längst gewandelt, weil man feststellte, dass unser Universum, und wahrscheinlich noch viele Milliarden anderer, von einer unsichtbaren Energie zusammengehalten werden und durch die gegenseitigen Wechselwirkungen der Sterne, bzw. Sonnensysteme, nicht in sich zusammenfallen können. Trotz ständiger Expansion. Es müsste eine unsichtbare Kraft dahinter stehen. Wenn man sich mit Physik, bzw. Astrophysik befasst, kommt man sowieso aus dem Staunen nicht mehr heraus.

Mich wundert noch heute eine Aussage meines Mannes, als er von Frequenzen sprach.

Nachdem er verstorben war, klingelte mein Telefon und ich hörte nur ein Rauschen, es erinnerte mich an Frequenzen. Auch nach dem Tod meiner Mutter klingelte mein Telefon mit diesem Rauschen. Ob sie versucht hatten, mich zu erreichen?

Was für ein Mysterium.

Lebensplan

Als ich nach dem Tod meines Mannes meiner Mutter einmal von dieser Sitzung mit dem Medium erzählte, staunte sie und meinte, da könnte etwas dran sein, auch sie hatte ein merkwürdiges Erlebnis gehabt, als sie nach der Geburt des letzten Kindes, Monika, wegen schwerer Blutungen beinahe gestorben wäre. Sie erzählte mir: »Ich sah auch diesen Tunnel mit dem hellen Licht und wollte dorthin, war schon beinahe dort, als plötzlich eine Stimme zu mir rief: ›Kehre zurück, deine Kinder brauchen dich noch.‹« Und es sei schrecklich gewesen, als sie wieder in ihren Körper zurück musste.

Es gibt also doch so etwas wie einen Lebensplan.

Beim Durchlesen mehrerer Bücher von Karina Traxinger kam ich zu dem Schluss, dass vieles, was ich aus diesen Büchern erfahren konnte, sich mit den Erfahrungen mit meinen Verstorbenen deckt.

Keiner weiß, wie und wo unser Weg hier einmal enden wird, doch werden wir jene wiedersehen, die wir glaubten, verloren zu haben.

Die geistige Welt ist auch dabei behilflich und schickt denen Heilung, die nicht verstehen, weshalb Heilung bei ihnen nicht mehr möglich war. Unser Leben hat jedoch schon vor Eintritt in diese Welt einen Lebensplan. Und genau dieser bestimmt den Zeitpunkt, wann wir uns von Menschen trennen müssen oder selbst gehen werden.

Geistwesen, die für eine Zeit erdgebunden bleiben, haben meist nie nach dem Sinn und Zweck des Lebens gefragt. Meist lebten sie nur nach materiell ausgerichteten Werten, ohne einen Glauben an Gott. Zu den Zei-

ten als sie auf Erden lebten, glaubten sie nicht an ein Leben nach dem Tod und sind erst einmal hin- und hergerissen.

Mein armer, ungläubiger Mann. Was hatte er gesagt: Er sei ganz konsterniert gewesen, als er feststellen musste, dass es ein Leben nach dem Tod gibt.

Sie fühlen sich einsam und allein, da sie nichts mitnehmen konnten und auf einmal auf sich allein gestellt sind. Ihre Seele ist sozusagen entkleidet und es existiert nichts mehr um sie herum, außer sie selbst und die Ordnung der göttlichen Liebe. Durch diese momentane Hilflosigkeit binden sie sich dann um so mehr an die Erde. Sie benötigen diesen Aufenthalt noch, um sich Wissen anzueignen. Zeigt eine Seele jedoch überhaupt keine Bereitschaft, sich zu ändern, so wird sie ungefragt in ein neues Erdenleben geschickt, um in ihrer Entwicklung voranzukommen. Dies kann meist durch sehr schicksalhafte und schmerzliche Wege auf Erden geschehen.

Die Gefühle, die wir Hinterbliebenen dabei empfinden, sind wichtig und haben ihre Berechtigung. Unsere Seele trauert in diesem Moment gar nicht wirklich um den Verstorbenen, sondern um die Heimat, die wir noch nicht sehen dürfen. Denn tief in unserer Seele wissen wir um das Geheimnis der göttlichen Liebe.

Nicht nur wir Menschen trauern, auch der Verstorbene selbst kann Verzweiflung und Trauer in sich tragen.

Teilweise sind Verstorbene über das eigene Ableben dermaßen geschockt, dass sie gar nicht wissen, wo sie sind, weil ihr Tod plötzlich kam, zum Beispiel bei Unfall oder Mord. Da der Geist den Körper in dieser Phase sehr schnell verlassen muss, bekommt er kaum mit, was eigentlich passiert. Wenn sich der Sterbende in diesem Moment nicht bewusst ist, dass er sich außerhalb seines Körpers befindet, glaubt er völlig lebendig zu sein. Es kann somit passieren, dass er noch eine Zeit in der Wohnung ist oder an dem Ort seines Todeszeitpunktes und sich wundert, dass niemand ihm mehr Antwort geben kann. Kurze Zeit, nachdem sich der Mensch von seinem physischen Körper für immer gelöst hat, erscheinen meist Verwandte oder geistige Führer, um zu helfen, sich in der neuen Heimat einzugewöhnen. Ein medialer Kontakt zur Erde darf deshalb erst nach längerer Zeit aufgebaut werden und die Geistwesen melden sich aus der geistigen Welt, sobald sie es möchten und dürfen.

Stammtischbruder

Erwähnenswert ist, was nachstehend einmal passierte: Einer unserer Stammtischbrüder ist verstorben. Als wir ihn vor seinem Tod, mit dem niemand rechnete, zum letzten Mal getroffen haben, wusste von uns keiner, wie todkrank er eigentlich war. Wir hatten zu seinen Verwandten keinen Kontakt. Fünf Tage nach seiner Beerdigung hatte ich einen Termin bei meinem Medium, bei dem ich nach unserem Freund fragte.

Und was erfahre ich da: **Er sei lange auf der Intensivstation gelegen und hätte an Lebezirrhose gelitten, ich könnte ihn aber noch nicht sprechen, weil er noch nicht angekommen sei.** Es konnte noch kein Kontakt zu ihm hergestellt werden.

Einer seiner besten Freunde war stocksauer, weil nur er wusste, dass unser Freund Leberzirrhose gehabt hatte und sich ärgerte, woher ich das wusste.

Dieser Kontakt kann über ein Medium zustande kommen und es kann ein halbes Jahr dauern, bis eine Botschaft durchkommen kann. Zu Beginn eines ersten Kontaktes gibt der Verstorbene meist Erkennungsmerkmale durch. Hierbei kann es sich um gesundheitliche Probleme zu seinen Lebzeiten handeln oder um Erinnerungen aus der Vergangenheit, die beide miteinander verbinden.

Siehe die erste Sitzung, in der mein Mann über Gemeinsamkeiten mit mir sprach.

Da der Verstorbene auch weiterhin sieht, was mit uns hier geschieht, was wir machen und tun, kann er auch über zukünftige Ereignisse berichten. Die Geistwesen kennen weder Zeit noch Raum, deshalb können sie auch zukünftige Geschehnisse sehen. Da kann es allerdings auch zu Missverständnissen kommen, da der Hinterbliebene etwas erfährt, was noch gar nicht geschehen ist. Egal wie die Botschaften aus der anderen Welt sind, sie sind immer liebevoll und tröstlich. Es können aber auch Ereignisse angekündigt werden, wie Krankheiten, Unfälle oder sogar Todesfälle.

Beweis: Es entspricht alles auch meinen Erfahrungen bei der ersten Sitzung mit meinem Mann. Auch die Voraussagen mit meinem Unfall, den verjährten Rechnungen und der Tod meiner Mutter im Alter von 95 Jahren.

Andere wiederum bringen Botschaften herüber, um Angehörigen die Trauer zu erleichtern. Meistens erscheinen sie als lebende Personen. Erscheinen können sie jedoch nur, wenn ein medial veranlagter Mensch in ihrer Nähe ist. In einer harmonischen Atmosphäre erscheinen sie besonders gerne. Das Wichtigste, um mit diesen Wesen in Kontakt zu treten, ist die Angst abzubauen. Sie behindert nur und der Verstorbene zieht sich zurück. Sie möchten uns keinerlei Angst machen.

Stimmt. Bei der ersten Sitzung hatte ich keinerlei Angst, weinte nicht und raubte dem Medium nicht noch zusätzlich Energie. Da ich nur noch verblüfft war und das alles nicht glauben konnte, schlug ich ständig mit meiner Faust auf den Schreibtisch und rief: »Das können Sie nicht wissen« und sie lächelte mich milde und wissend an.

Scheinbar gibt es auch Geistwesen, die sich weigern, durch den Tunnel zu gehen. Gott respektiert diesen freien Willen, denn auch dieser ist ein göttliches Recht. Diese Geistwesen bezeichnet man als Poltergeister oder Gespenster. Hierfür gibt es verschiedene Gründe. Zum Beispiel deren Ängste und Enttäuschung, dass sie zu Lebzeiten geistig zu wenig erreicht hatten. Da sie im Jenseits die Wahrheit erfahren, dass es ein Weiterleben gibt, schämen sich viele für ihre Taten. Doch sie erfahren dabei auch, dass sie sich ihre Lebensumstände selbst geschaffen hatten.

Andere möchten, bevor sie sich dann einer Ordnung unterziehen, erst noch einiges regeln und gutmachen. Wie zum Beispiel mein Mann. Sie stecken mehr oder weniger im Zwischenreich fest. Sie wollen einfach nicht begreifen, dass sie wirklich tot sind. Sie können sehr viel Unruhe verbreiten, sind aber nicht wirklich gefährlich. Irgendwann entscheiden sie sich doch, den Weg durch den Tunnel zu gehen. Im Grunde genommen trennt uns nur ein Schleier jenseits des Horizonts.

Es gibt Seelen, die weiterhin auf der Erde verweilen, weil sie sich nicht abnabeln können, wenn sie gestorben sind. Diese Seelen sind dann erdgebunden und brauchen einige Zeit, bis sie den Weg ins Licht finden. Sei es durch plötzlichen Tod oder dass die starken Gefühle von Hinterbliebenen sie daran hindern, weiterzugehen. Erst wenn sich die Seele ihres Todes bewusst geworden ist, kann sie den Weg ins Licht gehen. Vielleicht muss sie vorher auch noch eine Aufgabe erledigen. Selbst nach dem Tod gibt es noch Dinge, die einen nicht in Ruhe lassen.

Auch diese Aussage erinnert mich an meinen Mann, der mir finanziell noch helfen wollte.

Nachdem die Seele ins Licht gegangen ist, zeigt sie sich in der Form, in der sie sich zu Lebzeiten am wohlsten gefühlt hat.

Auch diese Aussage erinnert mich an meinen Mann, als er von seinem Beruf als Richter sprach, von seinem Hausanzug, den er sehr wegen seiner Bequemlichkeit liebte und von der Versorgung meines Hundes Gina sprach.

Ein anderes Medium, Concetta Bertoldi, Amerika, behauptet, dass wir nach unserem Tode in der Form weiterleben dürfen, in der wir hier auf Erden am glücklichsten waren.

Ein Altern gibt es dort nicht mehr. Deshalb ist es oft der Fall, dass Geistwesen um Jahre jünger aussehen, als zu ihrem Todeszeitpunkt. Die Energie geht nicht verloren, deshalb ist es den verstorbenen Seelen auch möglich, mit uns zu kommunizieren, wenn wir es zulassen.

Viele Skeptiker sagen, dass der Mensch aus Atomen und Zellen besteht und nach unserem Tod nichts, aber auch gar nichts mehr sein wird. Doch was ist es, was uns ausmacht? Es ist Leib und Seele zugleich. Wenn wir eines Tages sterben, treten wir in eine Welt, die unserer sehr ähnlich ist, nur dass es dort viel mehr Liebe gibt und jene Natur mit den unglaublich schönen Farben. Es gibt dort Landschaften, blühende Gärten, Wiesen, Felder und Tiere, die ebenso dort leben.

Jeder von ihnen hat eine andere Aufgabe und so betreut die eine Seele Kinder.

Meine Tochter Petra verstarb vor fünf Monaten an Krebs und eine Freundin von ihr, die sehr unter dem Verlust litt, suchte auch ein Medium auf, allerdings in einem anderen Land, Italien, und erfuhr, dass Petra ein kleines Mädchen an der Hand hielt, als sie ins Licht ging, weil dieses Kind zur gleichen Zeit starb, wie sie. Sie hatte im Übrigen das Kleid an, wunderschön, leicht durchsichtig und in den zarten Farben beige und rosa mit Blumen, das ich der Bestatterin zum Anziehen mitgab.

Andere dienen als Schutzhelfer, je nachdem, auf welcher Ebene sie stehen.

Es gibt auch Bereiche, in denen sich Seelen ausruhen, schlafen und regenerieren dürfen und dass Verstorbene nach ihrem Tod sich erst erholen müssen.

Das könnte richtig sein, wenn ich an meine Mutter und unseren Stammtischfreund denke. Als ich sie rief, erfuhr ich, sie läge noch im Bett und eine Anna sei bei ihr. Es waren erst knapp fünf Monate vergangen.

Wenn man nun meine Geschichte und meine Erfahrungen mit meinen Verwandten und Freunden betrachtet, stellt man fest, dass sich fast alles mit den Aussagen von Karina Traxinger deckt. Unglaublich. Obwohl ich bei einem ganz anderen Medium war und die beiden sich sicher nicht kennen.

Selbstverständlich bleiben auch andere Gedanken und Zweifel. Denn eigentlich wird nur viel Positives über unser Leben nach dem Tod geschrieben.

Hölle

Ich habe aber erst kürzlich eine Sendung im Fernsehen mit einem Psychologen gesehen, in der auch andere schreckliche Erfahrungen behandelt wurden. Es gab Menschen mit Nahtod- Erfahrungen, die behaupteten, sie wären in der Hölle gewesen und erlebten schreckliche Dinge.

Der Psychologe erklärte dies so: »Wenn ein Mensch mit großer Angst vor dem Sterben und einem schlechten Gewissen stirbt, so holt ihn sein Gewissen ein und das Unterbewusstsein projiziert aus dieser Angst heraus Schreckensbilder und nimmt sie beim Sterben mit hinüber. Es sind Vorstellungen und Bilder, die im Unterbewusstsein verankert sind. Wir Menschen sind natürlich auch durch unsere Religionen mit Schuldgefühlen groß geworden, die im Gedächtnis lebenslang haften bleiben. Wenn wir nun gehen müssen, nimmt die Seele diese Gefühle mit.«

Deshalb glaube ich auch, dass es sehr sehr wichtig ist, sich schon zu Lebzeiten und früh genug an unser Weggehen und unser Verabschieden von uns selbst zu gewöhnen und nicht einfach wegzuschieben, als würde so etwas nie eintreffen. Wenn man bereit ist, sich mit dieser Materie zu befassen, verliert man seine Angst und lebt vielleicht fröhlicher dem Altern entgegen. Denn hier geht es um Akzeptanz, etwas anzunehmen, was einfach einmal sein wird.

Und dabei ist sicher hilfreich und tröstlich, solche Erfahrungen zu machen, wie ich es auch getan habe.

Wenn wir lebenslang fähig sind, an diese liebevolle Energie zu glauben, die uns leitet, führt und verzeiht und dass nichts in unserem Leben umsonst geschieht, haben wir die Möglichkeit, in die Liebe Gottes einzugehen und einer solchen Hölle zu entrinnen, die es eigentlich gar nicht gibt.

Gottgläubig

Ein Mann erzählte sein Nahtod-Erlebnis so: Er war in einer dunklen, wabbrigen Masse, sah aber oben ein wunderbares Licht und konnte sich nicht aus dieser dunklen Masse nach oben zum Licht abheben. Erst, als er sich besann, zu Gott zu beten und ihm da heraus zu helfen, zogen ihn Helfer ans Licht.

Wie sagte mein Papa zu mir: Ich solle gläubig bleiben. Auch mein Medium sprach von ›Gottgläubig‹. Egal, welcher Religion wir angehören.

Ganz wichtig ist, dass wir die zwei Worte, Demut und Dankbarkeit, in uns tragen. Dankbarkeit, dass wir auf dieser schönen und prachtvollen Erde mit ihrer wunderschönen Natur leben dürfen und Demut vor der Schöpfung, das heißt der Natur, den Tieren, auch Kleinstlebewesen und auch jenen Menschen gegenüber, die nicht besonders mit Attributen gesegnet sind.

Ich erwähne hier auch Kleinstlebewesen, weil ich

vor langer Zeit beim Radfahren ein ganz schreckliches Erlebnis hatte. Ich fuhr durch einen Eintagsfliegenschwarm, mit dem Ergebnis, dass sich eine solche winzige Fliege in mein Ohr verflogen hatte. Sie blieb scheinbar an meinem Trommelfell hängen und konnte sich nicht mehr befreien. Wir Menschen nehmen solche Kleintiere ja gar nicht wahr, aber ich musste den Todeskampf dieser kleinen Fliege mit anhören. Es war grässlich, wie dieses Miniwesen in Panik piepste und schrie, bis es immer leiser wurde und starb. Damals wurde mir bewusst, dass sogar dieses Minitier auch ein ganzes Wesen ist, mit Schmerzen und Todesangst.

Auch das Lächeln sollte nicht vergessen werden, wenn Ihnen zum Beispiel ein altes Muttchen mit Gehwagen entgegenkommt, Sie es anlächeln und es dann dankbar zurücklächelt, weil es bemerkt, dass es nicht übersehen worden ist.

Ich habe mich oft gefragt, warum wir Menschen altern und sterben müssen. Es gibt darauf keine Antwort. Vielleicht ist doch etwas dran, an dem, was Gott gesagt haben soll: »Macht euch die Erde untertan.« Aber warum ist ihm nichts anderes eingefallen, als Geburt und Tod? Dieses ständige Kommen und Gehen, Vergehen und Erneuerung.

Wenn man die Geschichte der Entwicklung des Menschen betrachtet, dann war und ist der Forscherdrang wirklich beachtlich. Aber auch unsere Vorfahren waren schon genial. Wir wurden immer gescheiter und klüger. Mitte des 19. Jahrhunderts begann ein rasanter Entwicklungsprozess. Aber wo führt uns dieser Weg hin? Will Gott, oder diese allumfassende Energie zusehen, bis wir ihm ähnlich sind?

Ich denke, dass dieser Schöpfungswille mit dem Sterben eigentlich eine Gemeinheit, eine Gemeinheit an uns Menschen ist. Vielleicht doch eine Spielwiese?

Aber auch dies müssen wir akzeptieren und das Sterben etwa auch als eine Wiedergutmachung der Schöpfung ansehen. Vielleicht ist es dort drüben deshalb so schön und gut?

Wie schrieb schon Concetta Bertoldi, New York: »Vielleicht dürfen wir in der geistigen Welt in der Form weiterleben, in der wir hier auf Erden am glücklichsten waren, als Entschädigung dafür, dass wir sterben müssen.«

Der Gedanke und vielleicht auch Wunsch wäre schon tröstlich.

Deshalb sollten wir versuchen, mit Anstand und Würde unser Leben zu leben, liebevoll miteinander umzugehen und niemandem etwas zuleide tun, weil sich dies auf andere Weise immer rächt.

Und es steht auch fest, dass die Guten sich nicht behandeln lassen müssen wie ein Fußabtreter und sich erwehren dürfen. Auch die Aussage in der Bibel: »Wenn dich einer auf die linke Wange schlägt, dann halte ihm auch noch die andere hin«, ist Unsinn. Dann würde das Böse immer die Oberhand behalten. Das ist nicht ›gottgewollt‹.

Nix Schöners hätt mir ned passiern kenna

Einblicke in das Leben v. Werner A. Widmann

Erzählt von Rosemarie Langer

ISBN 978-3-95452-663-5 • 208 Seiten • 11.90 Euro

Werner A. Widmann war für seine Heimatstadt Regensburg in seiner kauzigen, hintersinnigen Denkweise, in seinem Schöngeist und allein auch nur dadurch, dass es ihn gegeben hat, ein Original - und wohl der größte Gewinn seiner geliebten Stadt. Ich wollte nie so vermessen sein, über einen so genialen Menschen, wie Werner A. Widmann einer war, zu schreiben. Aber ich hatte es ihm zu Lebzeiten versprochen. Er war ein Brennender, ein Getriebener, der ständig die ganze Welt und ihre Menschen umarmen wollte. (Rosmarie Langer) Dieses Büchlein, eine Hommage an einen freundlichen, liebenswerten und humorvollen Querdenker, soll einen kleinen Einblick in das Leben und Schaffen der letzten Jahre des Journalisten und Fernsehmoderators Werner A. Widmann geben.